信息结构与共谋防范的比较制度实验研究

Comparative Institutional Experiment on Information Structure and Collusion Precaution

张 斌 著

中国财经出版传媒集团

经济科学出版社

Economic Science Press

图书在版编目（CIP）数据

信息结构与共谋防范的比较制度实验研究/张斌著.
—北京：经济科学出版社，2019.4
ISBN 978 - 7 - 5218 - 0278 - 8

Ⅰ.①信…　Ⅱ.①张…　Ⅲ.①委托代理 - 研究
Ⅳ.①F271.5

中国版本图书馆 CIP 数据核字（2019）第 033646 号

责任编辑：黄双蓉
责任校对：王肖楠
责任印制：邱　天

信息结构与共谋防范的比较制度实验研究
张　斌　著
经济科学出版社出版、发行　新华书店经销
社址：北京市海淀区阜成路甲 28 号　邮编：100142
总编部电话：010 - 88191217　发行部电话：010 - 88191522
网址：www. esp. com. cn
电子邮件：esp@ esp. com. cn
天猫网店：经济科学出版社旗舰店
网址：http：//jjkxcbs. tmall. com
北京财经印刷厂印装
710 × 1000　16 开　11.75 印张　200000 字
2019 年 4 月第 1 版　2019 年 4 月第 1 次印刷
ISBN 978 - 7 - 5218 - 0278 - 8　定价：49.00 元
（图书出现印装问题，本社负责调换。电话：010 - 88191510）
（版权所有　侵权必究　打击盗版　举报热线：010 - 88191661
QQ：2242791300　营销中心电话：010 - 88191537
电子邮箱：dbts@ esp. com. cn）

序

共谋，也称串谋，在政治、经济与社会生活中颇为常见，其形式与动因较为复杂，影响也各有不同。一般而言，出于情感好恶的共谋可能并没有实质危害，而出于政治或经济利益考量的共谋则会对制度设计和运行造成干扰，尤其是会弱化监督机制的有效性，使其流于低效或完全失灵，潜在危害较大，故为国内外学者们所关注，相应的研究及成果也蔚为丰富。

经济学在研究人的行为时，首先要对人的理性状态做出假定，以求在资源约束条件下通过最优化配置来实现效用最大化。完全理性、有限理性与非理性是人性的三种状态，其中有限理性为人性常态，其余二者为极端状态，出于研究可实现性的考虑，新古典经济学对人性做了完全理性假定。对共谋行为的研究，同样离不开对人性的假定，拉丰（Laffont）、梯若尔（Tirole）、考夫曼（Kofman）和拉瓦瑞（Lawarree）等学者关于共谋行为的经典研究是在完全理性基础上的数理逻辑推演，这些偏离人性常态而依据极端状态的研究，所得结论自然存在局限，并且随着理论认知的发展而备受质疑，例如，共谋当事人的行为理性究竟如何？防范共谋的机制设计是否真的有效？实验经济学和行为经济学的出现与繁荣，无疑对改变这一尴尬局面意义重大。

长期以来，经济学不可实验的观点一直被视为理所当然，而以张伯伦（Chamberlin，1948）第一个市场实验为开端，实验方法开始在经济学研究中加以应用。随着之后多位学者的实践和推动，实验方法逐渐为主流经济学界所认可，到目前已成为最重要的研究方法之一。史密斯和卡尼曼（Smith & Kahneman，2002）、罗斯（Roth，2012）、泰勒（Thaler，2017）等从事实验经济学与行为经济学研究的学者先后获得诺贝尔经济学奖，以及采用实验方法的研究成果不断在主流刊物上公开发表则是对此最好的证明。

　　基于对实验经济学和行为经济学的高度认同，南开大学泽尔滕实验室于2003年11月成立，着力探索行为理论与实验方法在经济管理问题研究中的应用，尤其是在偏好、信念与行为主题上，多年来贡献了一大批高级别研究项目和高质量学术论文。作为系列研究成果中的一项，张斌博士的专著《信息结构与共谋防范的比较制度实验研究》主要采用比较制度实验方法对共谋问题进行研究，聚焦共谋当事人的行为理性及现行共谋防范机制的效率，相对于现有共谋研究成果而言是个崭新的尝试，其方法论意义不言自明。同时，张斌博士在南开大学泽尔滕实验室接受学术规范与实验方法的训练多年，熟悉实验研究方法的原理及应用，这足以确保他对于共谋问题及其防范机制的研究，能够很好地以实验方法加以实现。

　　共谋现象得以产生的物质基础是当事人之间的信息不对称，同时共谋行为又进一步加剧了当事人之间的信息不对称。信息结构关乎当事人的行为理性，尤其是偏好和信念的生成与演化，张斌博士在对共谋现象的研究中，抓住了信息结构这一关键线索，根据信息在当事人之间的分布状态，将共谋划分为两类四种，即私人信息位于代理人节点时的代理型共谋和监督型共谋，以及私人信息位于委托人节点时的剥夺型共谋和委托型共谋，分别对应公司治理中的第一类和第二类代理问题，并相应地设计防范机制，这是整个研究工作中的亮点与可读之处。

委托代理当事人之间信息对称是理想状态，此时共谋无从产生，治理无须存在，只是这种情况仅在理论上具有可能性，现实中要做到这一点成本会高到任何人都无法承受。更常见的情况则是私人信息后置，代理人拥有优势信息，委托人处于信息劣势，对应的是标准委托代理问题。序贯行动的双监督人机制能否有效阻止共谋？本书的第三章和第四章分别设置了对称信息和不对称信息两种状态，实验结果与理论预期显著不同。对称信息下的序贯行动双监督人机制，理论上可以阻止共谋，实验中没有获得相应支持，而继续增加监督人，则可能会陷入无穷监督循环的怪圈。而通过随机派出序贯行动的双监督人并对监督机制进行优化，在双监督人之间营造信息不对称，实验结果表明能够有效瓦解监督当事人之间的共谋，实际验证了"歧视对待，分而治之"的思想；同时，随机派出第二个监督人的设计，不但提高了监督效率，还节约了监督人资源并降低了监督成本。

当私人信息前移至委托人节点，则会产生非标准委托代理问题，即知情委托人问题，当事人的策略选择与博弈均衡是否会与标准状态下有所不同？本书的第五章和第六章对此进行了探索，发现在信息结构转变后，拥有私人信息的委托人更看重租金抽取而非资源配置效率，相比之下，代理人则更具合作性和同情性。如果部分委托人知情，共谋导致的治理问题实际上就是股权集中时的大股东对中小股东的剥夺问题，外生惩罚可以较好地阻止此类共谋，嵌入类别股东表决机制后效果更加显著。

总的来说，实验研究的结果与理论预期有所不同，同时也与现实的治理效果存在差异，前者可能是因为对人性假设不同所致，后者则是因为现实世界中的制度运行环境远比实验情境中复杂，诸多干扰因素难以像在实验中一一加以控制。张斌博士在研究中做的许多工作具有一定的原创性，如依据信息结构对共谋现象进行两类四种的细分、用实验方法对标准和非标准委托代理中共谋当事人的行为理性和博弈均衡进行研究、得到与基于完全理性假设的逻辑推演不同的结论，为更好地理解信息结构与当事人偏好与信念，优化共谋防范的机制设计提供了极有价值的线索和依据，这也是本部专著的价值和贡献所在。

当然，实验研究方法本身也在不断地进步，许多新兴研究工具和手段的引入——如脑神经科学的工具，推动经济学实验研究出现了革命性进步，彻底打开人脑这一决策"黑箱"，直接探求行为背后的物质基础与生理依据，为决策的生成找到更多也更为科学的佐证。期待未来能够将神经科学工具应用到研究中，进一步丰富与充实共谋主题的研究。

南开大学泽尔滕实验室/南开大学中国公司治理研究院
李建标 教授/博士生导师
2018 年 11 月于南开园

前　言

　　交往是人类的社会属性使然，在所涉当事人超过二人的交往情境中，人们既有的偏好与信念可能发生漂移，出于对利益的追逐或情感的考量，部分个体会达成共谋以对付他人。共谋现象广泛存在于政治、经济与社会生活中，且以委托—代理关系中最为常见，这在转型经济体中表现得尤为突出，本研究主要关注对个人、组织乃至整个社会有严重负面影响的共谋行为并探求有效的制衡。

　　共谋现象在根本上是与不对称信息相联系的，委托—代理关系中私人信息处于不同的当事人节点，将衍生出不同的共谋主题，涉及不同的当事人，包含不同的利益关系，相应的防范机制设计也有不同，故研究共谋问题的逻辑起点是对契约或组织当事人之间信息结构的考察。本研究重点对代理人信息优势时的监督型共谋和部分委托人信息优势时的剥夺型共谋进行研究，前一种情况重点在于监督监督人，后一种情况重点则是约束知情委托人的行为。与以往的研究主要是进行逻辑推演或实证分析不同，由于更关心共谋现象背后当事人的行为理性，我们采用比较制度实验的方法，力图测度现行机制防范共谋的效果与效率，探寻共谋现象背后当事人的行为机理与影响因素，以便为改进机制设计提供线索和依据。本书的主要研究内容包括四个部分：

　　第一，对于私人信息处于代理人节点时的监督型共谋防范，为避免零监督和无穷监督循环两种极端情况，我们采用双监督人监督机制。尽管囚徒困境机制在理论上能够成功地阻止共谋，但国外学者的实验研究却表明情况远非如此乐观。对于序贯行动的双监督人机制，基于理性人假设的逻辑推演认为无法阻止两个监督人与监督对象之间的共谋，我们的实验结果对此结论没有提供相应的支持，现行机制能够在一定程度上阻止共谋，并且当事人自身特质对其行为策略缺乏显著影响。

第二，我们将信息不对称外生地嵌入双监督人机制中，试图通过歧视对待在两个监督人之间营造利益冲突从而达到"分而治之"，并且考虑以一定的概率派遣第二个监督人，以期在阻止共谋的同时节约监督人资源并降低监督成本。实验结果显示，身份信息的模糊性使得监督人更加风险偏好，从而使现行机制的效果远非理论模型预期的那样能完全阻止共谋。

第三，作为研究剥夺型共谋问题的前导性工作，我们关注委托人信息优势的情形。当私人信息前移至委托人节点时，契约提议当事人的偏好与信念会发生变化，当事人的策略选择与博弈均衡也与标准信息分布下不同。我们设置无声誉、有声誉和身份互换三种情境的实验，结果表明委托人在信息优势下更看重租金抽取而非资源配置效率，而代理人则相对更具合作性，同情共感效应也更为明显。

第四，我们将委托人知情的信息结构做进一步延展，考虑只是部分委托人拥有私人信息的情形，此时委托人群体裂变为知情的内部人与不知情的外部人，如公司中的控股股东与中小股东。由于信息优势和对现行公司法律关于剩余分配规则的认同度低，控股股东的偏好与信念会出现漂移，由"分享"变为"掠夺"，具体则是通过与管理层的共谋来实现，也就是所谓的第二类代理问题。此时，机制设计的重点在于加强对中小股东的保护，我们的实验结果表明外生惩罚机制对于防范剥夺型共谋效果良好，嵌入类别股东表决机制之后则更加明显，而投资者保护状况对中小股东的再投资意愿没有显著影响，这在很大程度上是缺乏更多投资机会时的无奈之举，与我国证券市场的实际情况高度相似。

　　本书的最后部分对研究工作进行了总结，并对未来的研究进行了展望。对于共谋防范，目前主流的研究以及本书所涉及的内容，主要还是倚重正式机制，并且实验结果表明现行机制设计有一定的作用。然而，在转型经济的背景下，正式机制或者缺失，或者缺位，或者实施不力，从而把一系列非正式治理机制推向前台，那么强化以媒体监督为代表的中介治理的作用，通过增加透明度，弱化共谋赖以产生的信息基础和降低共谋的潜在收益以阻止共谋行为不失为一种可行的替代性选择。此外，脑神经科学研究手段被引入社会科学领域，也使获取共谋当事人行为背后的神经和心理依据成为可能，从而为深化共谋防范研究提供了新的契机。

目 录
CONTENTS

第一章

绪　　论

第一节　研究背景与研究意义

一、研究背景

交往是人类社会属性的最直接体现，人们在社会交往时会表现出自利、互惠乃至利他的偏好，当交往情境由两人转换为多人时，即由一对一转换成一对多或者多对一或者多对多时，个体的偏好与信念可能会发生漂移甚至是逆转，为了特定的利益，一部分人就会联合起来对付另一部分（个）人，这就是所谓的共谋行为。①

当然，委托—代理关系是最易滋生共谋行为的土壤。在政治、经济与社会生活中，但凡存在委托—代理关系的领域，普遍存在着共谋行为。具体到公司治理情境当中，一直以来，上市公司的丑闻层出不穷，从美国安然（Eron）、世界通讯（WorldCom）等大公司破产，到我国的银广厦、蓝田股

---

① 共谋的动机并非仅限于追求经济利益，例如，群体中的部分成员联合起来对付他人可能仅仅是出于情感上的好恶，而不存在经济利益上的诉求。

份等上市公司造假，以及由美国次贷危机引发的全球性金融危机中的公司丑闻，无论这些危机和丑闻是以财务欺诈抑或审计失败为特征，还是以经营性抑或金融性"隧道效应"（tunneling）等形式来表现，都摆脱不了其背后共谋"幽灵"的存在。

依照信息经济学的理解，委托—代理问题就其本质而言是信息问题，公司治理更是依据信息的多寡来界定治理的主体与客体。信息在委托—代理关系的当事人之间可以有多种分布状态，从而衍生出不同的共谋主题，涉及不同的当事人并包含不同的利益关系。因此，研究共谋问题的逻辑起点是对委托—代理关系中信息结构的考察。[①]

在伯利和米恩斯（Berle & Means，1932）、詹森和麦克林（Jensen & Meckling，1976）所开创的标准委托—代理范式中，代理人拥有私人信息，委托人的任务在于激励代理人显示私人信息，从而消除逆向选择和道德风险，这就是公司治理研究的第一类代理问题。在最简单的两人组织中，共谋无从产生。然而，当委托人同时使用多名代理人或将监督职能专业化时，代理人之间或者代理人与监督人之间的共谋往往难以避免。根据标准范式中共谋问题所涉及的当事人及利益关系，我们可以将其分为代理型共谋和监督型共谋。

有趣的是，现实中大量存在着信息分布特征不同于标准委托—代理关系的情形，例如，在拍卖中卖家可能对标的物的真实价值和买家的保留价值都清楚，规制者比被规制者（生产者）更了解规制产品的市场需求信息，雇主比新入职员工更了解工作地点、职位的未来需求条件和升职前景等。正是基于对此类现象的考察，迈尔森（Myerson，1983）、马斯金和梯若尔（Maskin & Tirole，1990，1992）开创了知情委托人（informed principal）分析范式，即在委托—代理关系中委托人也可能拥有私人信息，从而当事人的策略选择与博弈均衡会出现不同于标准范式的一些特征。知情委托人范式为研究公司治理中的第二类代理问题提供了新的视角。在公司情境中，控股股东作为内部人，是事实上的知情者，利益驱使之下会与监督人和代理人共谋，借助"隧

[①] 在《新帕尔格雷夫经济学大辞典》中"共谋"词条即认为共谋问题在根本上是与信息不对称相联系的。

道效应"等一系列手段对不知情的中小股东进行掠夺,我们称之为剥夺型(expropriation)共谋。

此外,还有一类现象超越了传统的双边委托—代理(bilateral principal-agent)框架,例如多家厂商选择同一个销售代理,若干家银行同时贷款给一家企业,数个政府机构对一家企业进行规制乃至项目团队成员面临所属部门主管和项目负责人的多头领导,这些现象就是伯恩海姆和温斯顿(Bernheim & Whinston,1986)所定义的"共同代理(common agency)"。在共同代理这种多委托人—单代理人框架中,委托人的利益各自取决于其无法直接观察的代理人的努力,伯恩海姆和温斯顿认为无论何时,委托人们通过共谋对付代理人总是最优的,即共同代理能促进委托人之间的共谋,我们将此种共谋称为委托型共谋。

由于知情委托人和共同代理这两类委托—代理关系中当事人之间的信息分布不同于标准范式,即委托人也可以拥有私人信息,并且衍生出与标准范式中截然不同的共谋主题,我们将其统称为非标准委托—代理范式。

根据上述分析,公司治理实质上就是研究公司内部人之间的共谋及其防范问题(内部人的认定依据其拥有的信息量作为标准)。共谋现象的广泛存在造成了社会财富分配不公,进而导致大量社会资源的租金耗散(rent dissipation),同时,共谋会破坏正常经济与社会秩序赖以存在的信任基础。对于特定组织而言,共谋的存在会损害相关利益主体的合法权益,降低其积极性乃至整个组织的运行效率。因此,对科层组织中的共谋问题进行深入研究,找寻其产生的机理并探求有效的制衡机制具有重要的理论与现实意义。

现有对科层组织①中共谋问题的研究主要基于双边委托—代理框架展开,重点关注两类代理问题中的三种共谋现象,采用逻辑推演或实证分析的方法。逻辑推演的方法对假设条件高度敏感,其对共谋当事人的行为机理更多是依靠猜测而非直接观察。对共谋现象的实证分析则是一种事后的推测,也无法对隐藏在共谋现象背后的当事人行为理性进行直接观察与深入分析。此

① 科层组织(bureaucracy)亦称"官僚政治",本意是指行政的任务和程序,常被用于表示相关人员的效率缺乏和行使职权不当。韦伯(Weber,1921)则强调指出在工业社会中科层组织是任何组织合理地实现其目标所必不可少的。可以说,公司制企业是一种典型的科层组织。

外，现有的研究没有触及剥夺型共谋背后的信息结构，也未对多边委托—代理框架下的委托型共谋施给予太多关注。基于此，我们选择科层组织中的共谋现象作为研究主题，以信息结构作为研究主线，从标准与非标准信息分布等多个维度对共谋现象进行系统分类，并采用博弈分析和实验的方法进行深入研究，重点考察各类共谋主题中当事人的行为理性，力求检验现行共谋防范机制的效果，同时也为进一步完善相关机制设计找寻线索和依据。

二、研究意义

（一）理论意义

目前学术界对科层组织中共谋问题的研究主要有以梯若尔和拉丰为代表的"P－S－A"框架和以拉波塔、洛配兹、施莱弗和维什尼（LLSV）为代表的"law matters"假说两大流派。前者主要对第一类代理问题中的共谋进行逻辑推演，后者则对第二类代理问题中的共谋展开实证分析，并分别就共谋的成因、表现形式以及防范机制设计提出了深刻洞见。然而，无论是逻辑推演还是实证分析，已有的研究尚存有许多未尽之处。我们采用以比较制度实验为主的方法对共谋问题进行研究，理论意义如下：

（1）以信息结构为逻辑主线的分类与研究，把握住了共谋问题的本质，同时将分析视角由标准范式延展到非标准范式，能够更全面深入地理解与应对共谋。委托—代理关系中的信息结构是动态的，当事人之间的信息分布存在多种状态，分别对应着特定的共谋主题，需要不同的制度反应。因此，研究共谋问题，其核心线索在于对信息结构的考察。P－S－A框架基于代理人拥有私人信息这一标准假定展开研究，此时主要矛盾是第一类代理问题，机制设计的重点在于监督监督人。事实上，信息结构可能出现反向变化，部分委托人成为知情的内部人，此时委托人群体的利益会出现分化，从而衍生出第二类代理问题。由于控股股东成为共谋的当事人，P－S－A框架下的监督机制将流于形式，而LLSV强化投资者的法律保护的建议可能是制度安排上的现实之选。然而，双边委托—代理框架并不足以解释所有的共谋现象，在共同代理中，面对单一代理人各自处于信息劣势的多个委托人会通过共谋改变处境，虽然这种为消除代理人道德风险的共谋行为可能不属于需要防范之列，但是施以必要的关注显然有助于我们更好地理解委托—代理关系中信息结构与共谋形式的内在联系。

（2）对既往共谋研究中逻辑推演和实证分析的结论进行实验检验，判定现行共谋防范机制的有效性。经济学关于人性有纯理性和有限理性两种假设，主流经济学的经济人假设，对人性做了高度的抽象，虽然与现实不尽相符，但在"假设的现实不相关性"（Friedman，1953）观点之下仍大行其道。在现有对科层组织共谋现象的研究中，无论是梯若尔和拉丰的 P－S－A 框架，迈尔森、马斯金和梯若尔的知情委托人范式，还是伯恩海姆和温斯顿的共同代理视角，都是采用经典博弈的逻辑推演方法，即基于纯理性假设展开推理，我们则对共谋当事人的行为理性更感兴趣，即基于纯理性假设的研究结论在有限理性假设之下是否依然成立？

实验经济学与行为经济学的研究方法属于行为博弈的范畴，其有限理性假设以及学习推理能力更符合人性的现实。在实验室条件下研究共谋，直接观察共谋当事人的行为理性，与逻辑推演和实证分析的推测不同且能对其结论进行证实或者证伪，从而为判定现行共谋防范机制的有效性以及进一步完善机制设计找寻线索和依据。

（3）引入控股股东与经理人对业绩信息的操纵、投资者投资意愿以及外生惩罚机制等变量，对投资者法律保护之于剥夺型共谋防范以及资本市场发展的作用进行直接测度，弥补了现有实证分析中的不足。在对剥夺型共谋的研究中引入上述变量，以控股股东与经理人对业绩信息的操纵刻画剥夺型共谋，以投资者投资意愿刻画资本市场的发展，直接观察并精确地测度在不同惩罚力度上剥夺型共谋的动态变化以及投资者保护状况之于资本市场发展的影响。而在既有的实证分析中，只能通过代理变量进行事后的推测，并且当诸多因素共同发挥作用时很难精确分离个别因素的影响。

（二）现实意义

共谋现象的大量存在对公司组织乃至整个社会都有严重的负面影响，这一点在制度尚不完善或者实施缺乏保障的转型经济中表现得尤为突出，因此对共谋现象进行深入研究，寻找有效的制衡，具有重要的现实意义。

（1）为完善共谋防范的机制设计提供线索和依据。公司中普遍存在的共谋现象会损害特定当事人的利益，在第一类代理问题中代理人和监督人之间的共谋损害的是整个委托人群体的利益，而在第二类代理问题中控股股东与代理人和监督人之间共谋损害的是中小股东的利益，并且从某种意义上说后者危害远比前者更大。我国资本市场"一股独大"的股权结构，使知情的控股股东与管理层勾结掠夺中小股东的剥夺型共谋盛行。由于控股股东成为共谋的主要参与人，对管理层的监督和制约失去了一支重要力量。内部监督的缺失，加上外部监管的缺位，公司的管理层可以更加肆无忌惮地侵害中小股东利益。同时，公司高管与控股股东之间有着千丝万缕的联系，相应的公司治理更是以行政型治理为主而非市场经济所要求的经济型治理（李维安，2000），其结果就是在上市公司利益主体的多方博弈中，中小股东始终处于弱势地位，成为被侵害的对象，即便是股权分置改革的成功实施，也并没有使问题从根本上得到解决。

因此，以信息结构为线索对共谋现象进行系统分类与实验研究，探寻共谋的生成机理与当事人行为的影响因素，可以为完善现有共谋防范机制提供线索和依据。

（2）有助于改进并提升公司治理正式机制的效率。我国经济目前正处于转型时期，其顺利推进有待良好的公司治理在微观层面上给予保驾护航。然而，经济转型面临的一个严峻挑战是公司治理失败（Stiglitz, 1992）。共谋的普遍存在会导致公司治理的正式机制失灵或低效，财富分配不公乃至社会的信任基础缺失，从而导致交易费用的增加和资源配置的扭曲。长此以往，经济的顺利运行和成功转型势必受到影响。因此，以我国的转型经济为实验场景，研究公司治理中的共谋，寻求有效的防范，有助于提升公司治理正式机制的效率，节约交易费用，对于促进企业的健康成长乃至经济的顺利转型具有重要的意义。

第二节 研究内容与研究方法

一、研究内容

人类社会交往中的共谋行为，主要存在于委托—代理关系中，此种情境下当事人的激励与行为后果相对容易观察和测度。[①] 本书对共谋问题的研究即是以委托—代理关系（具体化为公司科层）为背景，以信息结构为逻辑主线，对共谋现象进行系统分类和深入研究，遵循先标准范式后非标准范式的顺序，构建整体的研究框架。全书共分为七章，具体章节内容安排如下：

第一章为绪论。主要对全书进行一个总体扼要地介绍。首先提出将委托—代理关系中的共谋现象作为研究主题的背景，并结合我国转型经济的实际阐述本研究的意义，分别从理论角度和现实角度展开；其次是介绍研究方法，即采用博弈分析方法和比较制度实验方法且以实验方法为主，以及依照信息结构主线设计的研究框架、研究内容和技术路线；最后对创新点进行归纳提炼。

第二章为相关文献回顾。先是讨论了共谋的含义、共谋生成的必要条件以及组织对共谋行为的制度反应。接下来从标准信息分布和非标准信息分布这两个维度对共谋现象进行系统分类，分别对 P–S–A 框架下的监督型共谋和知情委托人范式下的剥夺型共谋做了文献述评，并简要梳理了共同代理中的委托共谋，引出采用实验方法对上述问题进行深入研究的必要性。[②]

第三章和第四章主要是对标准信息分布下的监督型共谋防范进行实验研

---

① 当然，这并不意味着委托—代理关系是共谋现象得以出现的必要条件。在没有委托—代理关系的人群中，个体的地位与关系是平等的，但可能会出现一部分人联合起来，孤立或者对付另一部分（个）人的情况，此种情况显然也属于共谋范畴。

② 尽管本书没有对此类共谋行为加以研究，但适当介绍以不失完整性仍然是可取的。

究，所设计的监督制度安排是双监督人机制。其中，第三章在双监督人信息对称下（两个监督人没有私人信息）展开研究，分为静态机制和动态机制两种设置。① 同时，在动态机制下区分完全信息与不完全信息两种状态，考察双监督人机制之于监督型共谋防范的效果。第四章则是基于"分而治之"的思想，将信息不对称外生地嵌入动态双监督人机制中，重点考察监督人之间的信息不对称能否引发其利益冲突从而瓦解利益联盟并防范监督型共谋。

第五章是将委托—代理关系中的私人信息前移，对委托人知情下的契约当事人行为进行实验研究。委托人中知情内部人的存在，是导致委托人群体出现利益分化、滋生剥夺型共谋的根本原因。因此，本部分可以视作剥夺型共谋防范的前导性研究。

第六章是对部分委托人知情下的共谋与防范进行实验研究。从偏好与信念的角度为剥夺型共谋的产生寻找新解释，重点考察外生惩罚机制和类别股东表决机制两种制度安排的共谋防范效果，以及投资者保护之于资本市场发展的作用。

第七章总结全书。在前述研究的基础上，提出改进现有共谋防范机制的线索和依据，并给出相应的政策建议。同时，对未来的研究进行展望。

二、研究方法

共谋现象普遍存在于人类的政治、经济和社会生活等诸多领域，因此对该主题的研究跨越了经济学、管理学、社会学和法学等多个学科，属于新兴的多学科交叉主题。现有的两大流派在研究思路上存有较大差异，所使用的研究方法也不尽相同，拉丰和梯若尔开创的"P－S－A"范式主要运用博弈论和信息经济学的工具，基于理性人假设进行逻辑推演；LLSV 提出的"law matters"假说则使用统计分析的方法，从法经济学的视角展开实证研究。我

---

① 静态机制就是两个监督人同时行动实施监督，本书中具体为双监督人囚徒困境机制；动态机制即两个监督人序贯行动实施监督。

们在借鉴前人研究的基础上，除博弈论与信息经济学工具之外，主要采用比较制度实验的研究方法。

实验是经济学与管理学中新兴的研究范式，而比较制度实验作为实验方法的一种具体运用，则是与新制度经济学的比较制度分析一脉相承。在总结实验研究经验的基础上，实验经济学创始人史密斯（1982）定义了一个实验室中的微观经济系统：

$$S = (e, I) = (u^i, T^i, \omega^i, M^i, h^i, c^i, g^i), \ i = 1, \cdots, N$$

其中，e 和 I 分别为系统的环境向量与制度向量。具体来看，环境向量包括三个变量：参与人 i 的效用函数 u^i，参与人 i 的禀赋 T^i（技术或知识），参与人 i 的商品禀赋 ω^i；制度向量则包括四个变量：参与人 i 的策略空间 M^i，参与人 i 的系统内收益函数 h^i，参与人 i 的货币报酬函数 c^i，参与人 i 的系统过程规则 g^i，参与人在该系统下的所有活动和交互作用都受到制度向量 I 的严格约束。① 实验被定义为系统的环境设置（treatment）和制度设置到系统绩效 P（system performance）之间的映射，这个映射的传导中介是系统参与人的行为 B（agent behavior），所以实验研究的一般性范式可以表示为：

$$\left. \begin{array}{c} e \\ I \end{array} \right\} \rightarrow B \rightarrow P$$

在严格控制的实验室实验中，我们可以保持系统的环境设置 e 不变，而仅对系统的制度设置做出感兴趣的调整，如将 I 变为 I'，一旦系统绩效也通过被试行为的传导发生了相应的改变，如由 P 变成 P'，那么比较 P 和 P'，我们就可以得出两种不同制度安排 I 和 I' 的经济效率。此类经济学实验被史密斯（1994）称为比较制度实验，典型的比较制度实验如市场制度实验（包括产业组织实验、拍卖制度实验、资本市场实验）和契约制度实验（如 Fehr 等人的不完全契约实验、劳动力契约实验和信贷契约实验等）。

由于在实验室条件下能够严格地控制微观经济系统的环境设置向量，我们便可以将系统绩效的任何改变都归因于系统的制度设置向量。这样，相对于场景（field）经验性制度研究，比较制度实验可以最大限度地排除不相干

---

① 系统过程规则规定参与人在什么时候开始和结束行动。

因素的干扰。①

对于科层组织中的共谋现象，我们主要关注当事人的行为理性与有效的制度防范，这一点正是比较制度实验的优势所在，当然，关键还在于实验制度环境的构建。在监督型共谋的防范中，我们先后将信息对称和信息不对称外生地嵌入双监督人监督机制中，一方面测度现行机制防范监督型共谋的效果与效率，同时可以观察信息结构对监督人行为策略的影响；对于股权集中背景下的剥夺型共谋，我们则采用外生惩罚机制，以一定的概率发现共谋行为并施以处罚，概率的高低则代表投资者保护水平的不同，之后进一步将类别股东表决机制嵌套在外生惩罚机制中，测度两种机制防范共谋的实际效果，并对当事人在不同制度安排下的行为进行分析和比较，这些都为评价和改进现行共谋防范机制提供了直接的线索和依据。

第三节　技术路线与创新

一、技术路线

我们以信息结构作为逻辑主线，对科层组织中的共谋现象进行系统分类和实验研究，技术路线如图 1-1 所示。

如图 1-1 中，对应于委托—代理关系中私人信息分别处于代理人节点和委托人节点的两种情况，存在三类共谋主题，相应的防范机制设计在思路上也有所不同。我们采用比较制度实验的方法，重点考察信息对称和不对称时双监督人机制之于防范监督型共谋的作用，以及外生惩罚机制和类别股东表决机制这两种旨在加强投资者保护的制度安排之于防范剥夺型共谋的作用。

---

① 研究方法中关于比较制度实验的介绍，部分引自李建标和李晓义 2007 年发表在《产业经济评论》上的"产业组织理论的实验研究范式"一文。

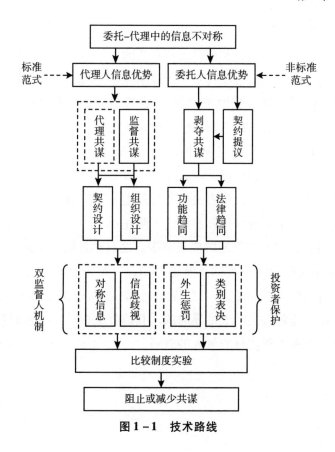

图 1-1 技术路线

二、创新与拓展

尽管共谋并非一个新兴的研究主题，但之前学者们对产业组织、拍卖以及科层组织中的共谋现象所做的大量研究工作，使我们能够在较高的起点上展开研究。纵观全书，主要做了以下创新性的探索：

（1）对共谋当事人的行为理性进行观察而非推测。既往的研究，无论是逻辑推演还是实证分析，对当事人行为的分析仅限于事前或者事后的推测，而在实验室条件下的直接观察，可以更深刻地理解共谋现象背后当事人的行为理性以及影响因素，同时能更精确地测度和比较现行制度安排防范共谋的效果与效率，从而为改进机制设计提供线索和依据。

（2）从偏好与信念的视角为剥夺型共谋的成因提供新解释。在股权集中型的公司中，控股股东的存在导致股东群体裂变为知情的内部人和不知情的外部人两个群体，鉴于控股股东对公司业绩的边际贡献高于中小股东，而现行公司法律关于剩余分配的规则未能予以承认和体现，从而导致其偏好与信念发生漂移，由"分享"变为"掠夺"，通过与管理层共谋对中小股东进行的侵害在某种意义上是与其自我补偿交织在一起的。

（3）在所进行的实验研究中引入新的代理变量。以控股股东与 CEO 对业绩信息的操纵来刻画剥夺型共谋，以中小股东的再投资意愿作为资本市场发展的代理变量，将类别股东表决机制与外生惩罚机制嵌套起来，考察剥夺型共谋防范对于资本市场可持续发展的实际作用。

（4）拓展了组织歧视机制的应用范围。之前学者们主要在相对业绩评价（RPV）机制下考察组织歧视的防共谋作用，一个重要假设就是代理人的同质性，因而通过歧视对待能够"分而治之"。在动态的双监督人监督机制中，序贯行动的监督人实际上是异质的，我们尝试在异质的双监督人中引入不对称信息，力求破解监督监督人的难题。

第二章

相关文献回顾

政治科学和社会科学最早关注共谋问题，政治学家们始终关注政客与利益集团串通一气不为公众利益服务的可能，对利益集团控制政治活动有着深刻的认识。孟德斯鸠（Montesquieu）关于建立一种制度审查和制衡政府机构以限制滥用公共政策的思想以及麦迪逊（Madison）的有关论著深深影响了后来很多国家宪法的设计，马克思（Marx）也指出国家应该利用其强制力为大众谋福利。

长期以来，对新古典完备市场假设的推崇使经济学家们一度忽视了共谋问题。在贝克尔和斯蒂格勒（Becker & Stigler, 1974）激发了经济学家对共谋现象的兴趣之后，该主题一度趋于沉寂，梯若尔（1986）则使之再度兴起。对于经济学家忽视共谋问题的做法，梯若尔（1992）提出了异议并认为经济学家面临着建立一个理论去解释经济生活中大量显在或潜在的共谋现象所充当的角色的挑战。例如，在劳动经济学中，工人可能担心工会代表被资本家收买而达成不符合他们利益的协定；在金融经济学中，很多资料表明董事会和管理层之间存在共谋行为；在公共经济学中，税收和补贴可能不是出于福利最大化的社会目标，而是为了满足某些特殊社会阶层的福利；在规制经济学中，规制者被收买或政客与利益集团共谋极大地影响着规章制度和政策；此外，共谋现象也向契约理论提出了挑战。多重代理人（纳什和贝叶斯执行，拍卖和公共品机制，团队中的道德风险，相对业绩评价，科层结构）之间的契约设计对代理人之间的可能共谋高度敏感。

经济学对共谋问题的研究是区分组织间的共谋与组织内的共谋而分别进行的，组织间的共谋行为属于产业组织理论与规制经济学的研究范畴，由于早期的产业组织理论主要关注组织间的共谋，如韦伯（Weber）注意到规制机构被利益集团的"俘获"，斯蒂格勒（1971）则把唐斯和奥尔森（Downs & Olson）的利益集团理论应用到规制的研究中，因而这一分支的研究相对更为完善与成熟。我们则主要关注科层组织内部的共谋问题。

第一节 信息结构与科层组织中的共谋

经济学主要研究人的行为，激励问题是其核心内容，最终决定着资源配置的效率。在委托—代理关系中，由于当事人之间信息是不对称的，委托人的利益常常受代理人逆向选择与道德风险等机会主义行为的侵害。为了能在完全信息下配置资源以实现帕累托最优，委托人必须设计一个满足代理人参与约束和激励相容约束的所谓最优机制，通过让渡部分信息租金给代理人来诱使其显示私人信息。然而对委托人而言，放弃租金意味着损失，要减少这种损失势必牺牲相应的资源配置效率，此时委托—代理问题就转化为租金抽取与资源配置效率的两难冲突，最终在达到均衡时实现帕累托次优配置。这是在伯利和米恩斯（1932）以及詹森和麦克林（1976）的经典委托—代理框架中适用的分析范式，无须考虑共谋问题。

然而，当存在多个代理人并且相互之间有合作与沟通时，共谋就不可避免，此时古典的显示原理可能不再成立。梯若尔（1986，1992）认为当事人在形成联盟的过程中获知信息，必须在一个更广泛意义上来解释显示原理，使当事人不仅公布他们自己的信息，而且公布那些他们为达成支契约（side contract）进行讨价还价时从别人那里获得的信息，也就是说应当考虑一个新的分析框架，通过使用"扩大的显示机制"来解决共谋问题。

一、组织形态演化与共谋形式变迁

（一）共谋生成的要件

共谋，顾名思义，是人类的一种合作行为。进行合作以获取利益是人类社会交往与生存的天然倾向或基本需要（Adam Smith，1776）。合作（cooperation）强调共同劳动以完成特定的工作，共谋则强调共同行动以获取利益，如果不考虑动机与结果，二者便没有区别。

目前在研究共谋问题的文献中，比较多的使用 collusion 和 conspiracy 两个概念，其中法学文献多用 conspiracy，意指两个或多个人之间进行犯罪或通过非法行为实现一个合法目标的一种协定；而经济学文献多用 collusion，意指为达到欺骗性目的的秘密协议。对于共谋的含义，学者们从不同的研究视角进行了解读，如梯若尔（1986）基于产业组织理论的视角认为共谋是一种与竞争相对应的行为，是竞争的必然结果或理性选择；柏曼、埃文斯和那加拉干（Baiman，Evans & Nagarajan，1991）基于契约理论把共谋认为是私下的、法外的安排，其中代理人并不以委托人的意志行事；梯若尔（1992）基于新古典经济人的信念把共谋看作是在组织的各种团体之间进行交易所取得的收益的实现。

共谋的起点和实际后果是对委托人所接收信息的操纵（Tirole，1986）。科层组织中之所以会出现共谋行为，归根到底在于当事人之间的信息不对称及由此产生的信息租金，对租金的攫取导致部分当事人之间达成共谋，因而在格罗斯曼和哈特（Grossman & Hart，1986），哈特和莫尔（Hart & Moore，1990）的不完备契约之下，委托人面临租金和效率的权衡。总的来说，组织中共谋的生成需要满足以下三个方面的条件，缺一不可：

1. 共谋生成的物质基础——信息租金

尽管共谋是组织的主契约所禁止的，组织成员在此背景下依然会寻求共谋显然是因为存在着一定的经济激励，具体则表现为一旦共谋成功，当事人可以分享由信息优势带来的本属于委托人的信息租金。信息租金是指契约当事人因在订约前拥有私人信息而获得的超过机会成本的收益。根据显示原理，委托人为使代理人显示私人信息，需要向其让渡信息租金。

在梯若尔（1986，1992）构建的研究组织内共谋的 P－S－A 框架中，假定代理人的成本类型 θ 是其私人信息，分别以 v 和 $1-v$ 的概率取 $\underline{\theta}$ 和 $\overline{\theta}$ 两值。监督人的技术以概率 $\xi < 1$（以代理人有效为条件）使其能够发现低成本类型 $\underline{\theta}$。当监督人观察到（且揭示）$\theta = \underline{\theta}$，委托人提供一个无租金契约给（有效的）代理人。当监督人什么也没观察到时，委托人则提供一个契约给 $\overline{\theta}$ 代理人零租金但给 $\underline{\theta}$ 代理人正的租金。当监督人观察到 $\underline{\theta}$，不能假装 $\theta = \overline{\theta}$，因为所能得到的可证实信息是 $\theta = \underline{\theta}$。但是其可以假装什么也没观察到并隐匿所获得的可证实信息，从而监督人和代理人之间就有了共谋的可能性。

2. 共谋生成的直接动因——互惠

当然，信息租金的存在并不必然导致共谋，充其量只是共谋的必要条件，梯若尔（1986，1992）认为互惠才是共谋的充分条件，即互惠促成了共谋。例如，组织成员 A 可以利用组织设计时赋予其的裁量权（discretion）帮助另一成员 B，形式包括分配任务、选择薪酬或惩罚、向主管汇报等。作为交换，成员 B 则会提供一个私下的转移支付或者利用其在组织内的裁量权为 A 谋取利益。李建标和张斌（2009）在实验中发现比互惠更强的社会偏好——利他，促成了共谋。

3. 共谋生成的实现机制——可执行的支契约

按照契约理论的逻辑，作为私下的、法外的安排，共谋当事人之间订立的支契约不能通过法院来强制实施，因而必须找到一种确保共谋收益能被合理分配的机制。一种选择是假设支契约可自执行，梯若尔（1992）则认为支契约的执行依靠的是非司法机制，即在长期的重复交往中依靠声誉机制，从而揭示了集团成员间关系的长度是共谋得以实现的重要控制变量；在不存在长期关系的单次交往中，以"名誉担保"、担心违约会招致对方报复以及共谋协议的一方当事人是长期"游戏者"等，可以使支契约得以执行。马赫蒂摩（Martimort，1999）则尝试在无穷期重复博弈的框架下通过引入交易成本来解决支契约的可执行性问题。当然，诸如黑社会这样的有组织犯罪也可确保支契约的执行，所幸的是这种情况并不常见。

（二）组织形态演化中的信息结构与共谋形式

契约理论认为组织是契约的集合，梯若尔（1986）更将组织视为相互影响的重叠或嵌套的契约网络，从这个意义上说，科层组织的演化可以说是契约关系不断复杂化的结果。伴随着组织形态的变迁以及契约当事人之间信息结构的异化，形成了标准与非标准两种不同的委托—代理问题研究范式，科层组织内的共谋现象也从无到有，涉及不同的当事人并表现为不同的形式（如图 2-1 所示）。其中，信息结构在对共谋威胁的制度反应中扮演着重要的角色。从这个意义上说，研究共谋问题的逻辑起点是对科层组织中信息结构的考察。

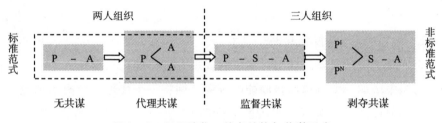

图 2-1　组织演化、信息结构与共谋形式

在最简单的两人组织，即仅有一个委托人和一个代理人的契约关系中（经典的委托—代理框架），代理人拥有优势信息并天然具有侵害委托人利益的动机与能力，委托人在设计契约时需权衡租金与效率的两难，此时共谋无从发生。

在标准范式中，代理人拥有优势信息，委托人处于信息劣势；而在非标准范式中，部分委托人也可能持有优势信息。图 2-1 中 P^I 表示控股股东，即股东中的知情者；P^N 表示中小股东，即股东中的不知情者。

1. 多代理人与代理型共谋

就现实的组织契约关系而言，更为常见的是同时存在多个代理人。如果各代理人之间非合作地决策与行动，则多代理人组织如同单代理人的情形一样不存在共谋问题。如果代理人之间存在沟通与合作（例如，现代公司的管理团队、项目团队等），虽然代理人之间可以相互监督，但通过共谋对委托人的利益实施侵害往往难以避免。例如，当委托人使用相对业绩评价（RPV）机制试图诱发代理人之间的竞争时，代理人可能结成联盟并集体偷懒以对付委托人，从而使 RPV 机制达不到理想的激励效果。由于代理型共谋的当事人处于组织的同一科层之上，因此也称为水平共谋。

伊藤（Itoh，1993）、霍姆斯特罗姆和米尔格罗姆（Holmstrom & Milgrom，1990）、瓦里安（Varian，1989）研究了多代理人共谋对付委托人的问题，指出如果总契约是完全的，那么代理人间的支契约建立在与总契约相同的信息基础上。由于支契约并不能扩大可行契约的范围，却给委托人的优化问题增加了额外的约束，因而就此意义而言，支契约从来不会使委托人的境况得到改善。如果共谋是以委托人不拥有的共享信息为基础，则有可能会改进福利。

2. 三人组织与监督型共谋

为了改变信息劣势，从而对偷懒的代理人进行处罚，委托人的一个选择是在组织中增加一个专司监督职能的等级，即将一个代理人分离出来专门负责监督其他代理人（监督人实质也是代理人，只是分工上存在差异），这样就形成了梯若尔（1986，1992）所研究的委托人 – 监督人 – 代理人的三人（或三层）组织。其中，监督人被视为提供有关代理人可证实信息的一种不完美技术。拉丰和梅利（Laffont & Meleu，1997）对监督活动会因交易成本中的非线性而从生产活动中分离的原因提供了洞见。然而，在梯若尔的三人组织中，会出现信息操纵问题，即代理人通过提供私下转移支付的支契约与监督人达成共谋，共同操纵提供给委托人的信息报告。由于参与人处于组织的不同科层之上，监督型共谋也称为垂直共谋。当然，如果监督人来自组织外部，与监督对象之间没有实质性的控制与被控制的关系，那么则仍属于水平共谋的范畴。

3. 知情委托人与剥夺型共谋

委托—代理关系中优势信息总是为代理人所拥有是标准委托—代理理论的基本假定。然而，组织契约当事人之间的信息分布可能出现与标准范式截然相反的特征，即委托人可以在拥有私人信息的情况下向代理人提出契约，这种被迈尔森（1983）、马斯金和梯若尔（1990，1992）称为知情委托人并率先加以研究的现象在现实中大量存在。例如，拍卖中卖家可能对标的物的真实价值和所有买家的保留价值掌握私人信息；规制者比被规制者（生产者）更了解规制产品的市场需求信息；雇主比新入职员工更了解工作地点、未来的需求条件和升职前景等。具体到公司治理中，在股权相对或高度集中的公司里，控股股东是事实上的知情者，往往会与代理人和监督人共谋，对处于信息劣势的中小股东进行掠夺，LLSV所关注的正是这种剥夺型共谋。

虽然我们以组织形态的变迁为线索来研究共谋主题的演进，但实际上，以上两大类三种共谋很难截然分开，它们可能同时并存于特定的组织当中且彼此交融。例如，监督共谋的实质是代理共谋，剥夺共谋中则隐含着监督共谋以及代理共谋。当然，具体哪一种共谋是主流则需要结合特定的制度背景与组织情境来加以判定。如果法律能够较好地保护投资者，股权相对分散，则代理型共谋与监督型共谋较为常见；如果法律对投资者的保护较弱，股权相对集中，则剥夺型共谋是公司治理所要解决的主要问题。

（三）组织设计中的集权与分权

任何一个科层组织，或者属于集权化组织，或者属于分权化组织（如图2-2所示）。拉丰、格里莫和马赫蒂摩（2003）认为在集权化组织中，委托人同时与监督人和代理人签订主契约，监督人在向委托人报告之前可与代理人共谋。监督人提出要么接受要么走人的支契约，确定货币转移支付并共同操纵各自对委托人的报告。在分权化组织中，委托人只和监督人签订主契约并将与代理人签约的权力授予监督人，从而把监督人变成一个独立的（或部分的）剩余索取者。

图2-2　集权化组织与分权化组织

至于集权和分权孰优孰劣，学者们的观点不尽相同。在梯吉尔（1986）所研究的三人（或三层）组织中，如果监督人和代理人之间没有沟通，根据显示原理，委托人可以分别与采取非合作行为的监督人和代理人订立契约并传递信息，此时集权化组织至少弱优于任何其他的组织结构。

德姆斯基、帕特尔和沃尔夫森（Demski, Patell & wolfson, 1984），梅卢曼德和赖克尔斯坦（Melumad & Reichelstein, 1987）等认为，当代理人的行动可观察且相互间的沟通被禁止时，组织可采取分权治理模式，即将决策权威授予具有信息优势的代理人是有利的。类似地，梅卢曼德、慕克吉和赖克尔斯坦（Melumad, Mookherjee & Rechelstein, 1995）考虑一成本或利润的责任中心，当沟通被禁止时，委托人通过与责任中心的管理者签约且授权其与其他代理人签约和协调，其效果优于直接显示机制。

当代理人为风险中性时，克里默和莱尔顿（Cremer & Riordan, 1987）、巴伦和贝赞可（Baron & Besanko, 1992）、梅卢曼德、慕克吉和赖克尔斯坦（1992，1995）认为与集权机制下的无共谋相比，通过分权的方式来防范共谋不会为组织福利带来新的损失，而迈克菲和麦克米兰（McAfee & McMillan, 1995）、拉丰和马赫蒂摩（1998）则认为当代理人受到有限责任的保护时，分权会出现代理成本。

二、共谋的影响与组织反应

共谋是科层组织中常见的现象。对于委托人来说，发生在代理人之间抑或是监督人与代理人之间的共谋可能对自身的利益造成侵害，因此需要有效的应对。当然，委托人首先应就特定的共谋是否有害以及阻止共谋在经济上是否可行等进行分析。

（一）共谋影响的双重性

有趣的是，共谋对组织而言并非总是有害的。在一些特定的条件下，适度的共谋能弥补总契约的疏漏，提高契约结构的完全性程度，从而有助于提高组织的运行绩效与效率。例如，国家不可能通过一个总契约决定所有的经济活动，私人契约（这是在一个以国家为委托人的经济等级制度中共谋的例子）常常对社会有益；组织成员间进行直接转让可能比通过中心进行转让成本更低等（Tirole，1992）；当雇员们能够通过共享努力和信息、共担风险来提高生产率或降低成本时，共谋就有利于组织，反之则有害（Villadsen，1995）。伊藤（1993）首先区分了有害的共谋和有益的合作。拉丰（1990）、霍姆斯特姆和米尔格罗姆（1990）、伊藤（1993）强调了委托人允许共谋的好处。

（二）阻止共谋的经济性

由于阻止共谋对于委托人来说是有成本的，因此即便是有害共谋，委托人也需要基于成本收益原则进行权衡。如果防范共谋的成本超过了阻止共谋的潜在收益，那么在特定情况下允许共谋行为的存在可能更为可取。梯若尔（1992）的研究认为，在某些潜在复杂情形下，防范共谋的举措之间可能会出现交互影响，例如，阻止某种情形下的共谋会导致另一种情形下防范共谋的成本增加，此时允许监督人与代理人在这些情形下共谋行为的存在或许是恰当的。为控制防范共谋的总成本，委托人就会抓主要矛盾，即允许那些影响相对较小的共谋行为存在，而将注意力集中于负面影响较大的可能共谋上。因此，当委托人无法通过完全契约来限制代理人的所有行为时，允许共谋行为的存在或许是有益的，此时共谋的存在有助于提高契约结构的完全性程度，并提升总的组织运行效率。也就是说，这些情形下的共谋行为往往还具有正面效应。

在 P – S – A 结构中，由于委托人无法判定监督人诚实与否，阻止共谋的代价高昂，因为委托人需要同时奖励诚实与不诚实的监督人；允许共谋也是成本不菲，因为不诚实的监督人会弱化惩罚的威慑作用。因此，考夫曼和拉瓦瑞（Kofman & Lawarrée，1996a）认为当惩罚足够大时，允许共谋总是最优的。

（三）允许共谋的最优性

虽然在某些情况下，允许共谋的存在是有益的，但委托人依然需要研判应当在何种程度上允许共谋，即确定允许共谋的最优性。由于共谋的例子与两个当事人签约的研究有关，而他们之间最优的完整的长期契约一般不会禁止重新谈判。梯若尔（1992）认为长期契约中的重新谈判无非是当事人签订支契约，因而将其视作共谋的一种特殊形式。将重新谈判与 P－S－A 模型结合起来，有助于理解共谋的最优性问题。兰伯特和莫吉利安斯基（Lambert & Mogiliansky，1996）在逆向选择情境下的研究则涉及了最恰当共谋问题，一如标准模型所指出，代理人在信息优势之下会选择一个不能被观察到的努力水平，从而委托人便需要在资源配置效率和租金抽取同时存在，以及最优契约对无效率代理人努力水平的扭曲程度之间进行权衡。当然，决定扭曲程度的因素部分在于由代理人信息租金的存在而引发的防范共谋成本的高低。由监督人向委托人进行报告则会使该种情况难以出现，故最优契约往往是事后无效率的。有鉴于此，施特劳斯（Strausz，1997）认为，阻止共谋的契约仅在委托人不能承诺重新谈判的情况下才是最优的，否则即是事后无效率的，也就是说只要委托人承诺不就事后无效契约进行再谈判，防范共谋的最优契约才存在。然而，所谓的最优契约却产生了事后的无效率，导致"最优契约悖论"的出现，从而施特劳斯的研究表明，共谋行为是否会在均衡状态下发生，在某种意义上取决于委托人的再谈判行为。

考夫曼和拉瓦瑞（1996a）分析了允许共谋的最优性问题。在其所研究的科层组织中，审计人分别以概率 c 和 $1-c$ 表示不诚实和诚实，由于委托人事先对此不知情，其必须决定是允许共谋还是阻止共谋。对于委托人来说，阻止共谋的代价高昂，因为不论审计人是否诚实，委托人都必须为其拒绝来自经理的贿赂而给予奖励；而允许共谋也是代价不菲，因为不诚实的审计人将会弱化惩罚的威慑作用。因此，委托人必须决定允许共谋的最优程度，具体就是要对审计人不诚实的概率 c、经理偷懒被审计人揭发后委托人对经理的惩罚 P^m 等一系列环境参数进行设置，以判定何时应该允许共谋，何时应该阻止共谋，并进行相应的契约设计。

考虑 c 各种取值情况下的最优契约：

当 $c=0$ 时（即审计人是诚实的），最优契约结构一如巴伦和贝赞可（1984）所给出。如果审计人的保留价值为 0，那么最优契约将以概率 1 使

用审计人且奖励 w 为 0。

当 $c=1$ 时（即审计人不诚实），梯若尔（1982）表明可将注意力局限到共谋防范契约上且不失一般性。也就是说，总是存在不包含共谋的最优契约。共谋防范对最大化问题施加一个联合激励相容（CIC）约束条件：$(w=P^m)$。

当 $0<c<1$ 时，委托人并不知道审计人诚实与否，其必须确定阻止共谋是否有利可图。此时，梯若尔的共谋防范观点不再成立。由于委托人不能预见哪个审计人将进行共谋，因此不能仅对该审计人进行奖励以避免共谋。为确保共谋不会发生，委托人必须将足以阻止共谋的奖励支付给所有审计人，该策略的成本很高。当然，委托人意欲区分不同类型的审计人，但无能为力将迫使其在均衡状态下以正的概率允许共谋的存在。

因此，当委托人不能确定审计人的类型时，下列命题是成立的：（1）总是存在一个参数空间，不使用审计人是最优的；（2）允许共谋为最优和防范共谋为最优的参数空间总是分别存在；（3）即便共谋行为被契约所允许，也会存在一个空间，可对审计人进行严格正的奖励；（4）当惩罚足够高时，允许共谋是最优的；（5）在审计人所提交报告的质量系数 $r<1$ 的情况下，最优契约无法实现。

从考夫曼和拉瓦瑞的分析中我们可以看出，如果诚实的审计人足够多，即便委托人不能够把审计权力出售给审计人，允许共谋也是最优的。经理将明白偷懒的代价高昂，在审计人诚实时其面临惩罚，在审计人不诚实时则要付出贿赂，故即便在此情况下使用审计人也是有用的。因此，只要存在使用不诚实审计人的正的概率，允许共谋就是最优契约的一部分。

第二节 标准委托—代理范式中的共谋与防范

在标准范式中，由于多代理人之间相互监督会分散他们用于生产活动的精力，那么进行专业化分工，让一些代理人专门从事监督工作，能够带来回报从而会提高效率。然而，P－S－A框架的最大问题在于监督人与代理人之间的可能共谋会弱化甚至破坏监督行为，因此一个根本问题就是对监督人与代理人的激励应该如何设计，才能最大化监督行为的效率和最小化共谋风险。梯若尔（1986，1992）率先分析了 P－S－A 科层组织内的共谋现象并奠定了该领域的基本分析框架，后续的研究多是在梯若尔（1986）模型的基础上进行扩展的，至今未有替代性的框架出现。

一、监督职能的专业化

既然监督职能专业化有助于降低委托人的信息不对称程度，那么究竟应该在何时雇佣监督人呢？博尔顿和德瓦特里庞（Bolton & Dewatripont，2005）对此进行了分析，假定委托人从代理人处购买一项价值为 $V > 1$ 的服务。代理人提供此项服务的成本为 $c \in (0, 1)$ 且自己知情，委托人观察不到 c 的具体取值，只是具有先验信念 $Pr = (c = 0) = 0.5$。委托人以成本 z 雇用监督人以便获得代理人成本的准确信息，当 $c = 0$ 时委托人以概率 p 得到真实信息，否则委托人将得不到任何信息。

如果委托人不雇用监督人，当 $V - 1 > V/2$ 时，他会出价 $P = 1$ 来购买服务，否则出价为 0，这其实是一个标准的信号甄别问题。为了便于分析起见，令 $V > 2$，从而最优价格为 $P = 1$，委托人的收益则相应为 $V - 1$。如果委托人雇用了监督人，那么当 $c = 0$ 时，委托人以概率 p 得到该信息，然后出价 $P = 0$ 给代理人。如果委托人没从监督人那里得到任何信息，则有理由认为代理人的成本 $c = 1$，从而给出最优出价 $P = 1$。那么，委托人的收益为：

$$\frac{1}{2}pV + \left(1 - \frac{1}{2}p\right)(V - 1) - z$$

假设 z 足够小，于是有：

$$\frac{1}{2}pV + \left(1 - \frac{1}{2}p\right)(V - 1) - z > V - 1$$

此时对委托人而言雇用一个监督人是更好的选择。

然而，当代理人的成本 $c = 0$ 且监督人有相应证据时，如果监督人将真实信息报告给委托人，代理人只能得到 $P = 0$；而如果监督人隐匿该信息，代理人可以得到 $P = 1$，并与监督人分享这一单位收入。监督人与代理人之间的这种共谋弱化了委托人提供契约的激励作用。但这并不意味着雇用监督人没有意义，格里莫、拉丰和马赫蒂摩（2003）认为，只要监督人与代理人之间有剩余不对称信息，监督对于组织就是有价值的。

二、共谋模型中的影响因素

在梯若尔的 P－S－A 框架中，委托人对代理人的私人信息不知情，故通过监督人提供的报告来获知代理人的类型信息。然而，监督人所报告信息的质量导致其可信度是有差别的，监督人所报告的信息是否可以验证，直接影响共谋的难易程度。在现有的研究共谋问题的模型中，普遍采用硬信息（hard information）和软信息（soft information）的概念来对信息的质量做出假定。

（一）信息软硬假定

梯若尔（1986，1992）的研究表明，当监督人拥有被监督对象的硬信息时，即便存在共谋现象，委托人的境况也能得到改善。所谓硬信息，是指对于提供给委托人的报告信息，监督人能够证明其真实性。例如，经理的绩效与成本类型信息。当然，监督人可以在代理人的帮助下伪造信息，即硬信息分为可伪造与不可伪造两种。安特尔（Antle，1982，1984）、井尻雄士（Ijiri，1984）、维拉德森（Villadsen，1995）、拉丰和马赫蒂摩（1999）等的模型都是基于硬信息假定对共谋问题展开研究的。

在另外一些情形中，监督人无法证明其所报告信息的真伪，因而可以操纵相关信息的报告，称为软信息。例如，公司中的两个部门共同完成一个项目，各部门实际使用的技术即是软信息。费利（Felli，1996）、巴利加（Baliga，1999）、格里莫、拉丰和马赫蒂摩（2003）等则基于软信息假定研究共谋问题。

信息软硬是监督人信号质量的体现。在硬信息中，监督人所报告信息分为可伪造与不可伪造两种，前者比后者更不利于委托人。而与硬信息相比，软信息意味着监督人报告的可信度更低，委托人需要付出更多的激励成本去获得监督人的真实信息，从而更有利于监督人与代理人的共谋。

（二）共谋中的交易成本

霍姆斯特姆和米尔格罗姆（1990）分析了在公司背景中支契约订立过程中交易成本的影响。梯若尔（1992）认为共谋过程中的私下转让会造成无谓损失，亦即共谋存在交易成本。拉丰和马赫蒂摩（1997）认为虽然研究组织如何应对外生给定交易成本的变化是非常有用的，但赋予交易成本更多的理论基础使讨论委托人如何设计代理人们的激励方案和内部交流渠道，从而以最低可能成本阻止他们共谋变得容易。格里莫、拉丰和马赫蒂摩（2001）对交易成本与组织设计的研究发现，共谋的交易成本是利益依赖的（stake-dependent），并与经济环境以及共谋代理人的风险偏好的功能相联系。

在共谋出现之后，或者共谋的支契约达成时，租金在联盟内的分配还受到共谋双方交易成本的影响。拉丰（2003）认为当支契约的边际成本较低时，委托人将会减少产出；而在交易成本的平均成本较高时，共谋更容易实施。

此外，科层结构上谈判能力（bargain power）的配置也对共谋有着重要影响。例如，格里莫、拉丰和马赫蒂摩（2003）认为通过授权信息较少的代理人（即监督人）与信息多的生产性代理人签约——即赋予上一级全部谈判能力，提供一个"要么接受，要么走人"的契约，最优的共谋防范契约就能够得到实施。

三、阻止共谋的基本思路

梯若尔（1986，1992）奠定了共谋问题分析的基本框架，并总结出委托人主要可以从三个方面来防范共谋：提高对监督人的激励、减少共谋的利益以及提高共谋的交易成本。具体而言，可以通过契约设计或者组织设计来阻止共谋。

（一）防范共谋的契约设计

在很多情况下，共谋是可以通过契约设计来防范的。梯若尔（1986，

1992）提出了共谋防范原理——不失一般性地，委托人可以通过设计一个防范共谋的主契约使得代理人从中得到的收益不少于共谋的收益，从而使得代理人没有进行共谋的积极性。梯若尔所提出的防范共谋基本原理，也就是现在称作防范共谋均衡（collusion-proof equilibrium）的基本思想。

然而，柏曼、埃文斯和那加拉干（1991）认为组织中不完美的审计技术使得委托人通过契约设计来激励监督人（审计人）积极监督代理人，以防范共谋的思路难以实现。此时，通过组织设计来防范共谋不失为解决问题的重要途径。

（二）组织设计的等价原理

在集权组织中，委托人分别与监督人和代理人签订主契约，监督人无权与代理人公开订立契约，因而二者处于同一组织科层之上。这种发生在平行组织结构中的共谋难以防范或者代价高昂，此时考虑恰当的分权机制以便形成等级结构可能不失为一个选择。拉丰和马赫蒂摩（1997）的研究表明，将监督职能在几个监督人之间进行分割或许是有益的。通过将监督人之间的分工与协调问题引入他们对代理人的服务中，将减少阻止共谋的约束成本。这是向分权信息理论迈进的一步。

巴利加和肖斯特姆（Baliga & Sjostom，1998）考虑了一个多代理人序贯行动的项目模型，由于委托人不能共享信息，代理人便可以共谋。由于有限责任，科斯定理不能运用，代理人之间的剩余分配即为委托人的一个重要控制变量。此时，最优的剩余分配总是可以由正确方式的授权（也就是分权）来实现而不需要使用"信号博弈"，这实际上为受制于道德风险下的组织应当如何授权提供了洞见。而根据格里莫、拉丰和马赫蒂摩（2003）的等价原理，委托人可以通过分权（或授权）将监督人变成一个独立的剩余索取者或者部分的剩余索取者以防范横向共谋，或者将监督权利以一定价格出售给监督人而使其成为完全的剩余索取者，这样原来平行的组织就变成了等级结构组织。当然，在不同情形下，反向的组织制度变迁也是有可能的。

组织设计的等价原理：考虑一个 P－S－A 模型，在某种条件下，一个分权机制等价于最优的防范共谋的集权机制。也就是说，当集权机制下共谋问题不容忽视时，委托人可通过授权给监督者（分权），让他设计与代理人之间的激励合约就可以实现最优的配置。

在梯若尔的防范共谋思想中，通过一个类声誉机制，监督人与代理人的隐含契约的共谋更可能在长期关系之外建立。这些关系利弊兼有：声誉不仅提高了生产率，还增加了共谋的可能性。尽管工作轮换和其他延长交往的阻碍可能会成功破坏共谋，但从效率损失的角度来讲成本也是高昂的。梯若尔从组织设计角度对共谋问题的研究是开创性的，但他排除了派遣第二监督人的可能性。

四、监督监督人

当雇佣监督人对代理人进行监督时，委托人与监督人之间目标函数的差异会导致以下三类问题：（1）如果监督人需要付出努力才能发现代理人与业绩相关的私人信息，那么他可能会偷懒和不准确地报告（Baiman et al.，1987）；（2）如果监督人与代理人能共同操纵业绩相关的信息并签订可自我执行的支契约，他们就会操纵信息以共同对付委托人（Laffont & Martimort，1994）；（3）如果监督人能够独立操纵代理人与业绩相关的信息，他可能会诬陷和敲诈代理人。

正如考夫曼和拉瓦瑞（1993）的研究表明，审计手段的不完备使得审计人员可以与代理人共谋；而提高对代理人的惩罚也将导致代理人为规避惩罚而愿意提供给审计人员的贿金更高，从而委托人为防范共谋就必须支付更高的激励性报酬给审计人员，这会提高共谋防范的成本，因而最终的防范共谋的机制只能实现次优的结果。

为了解决监督监督人的问题，拉丰和马赫蒂摩认为可以引入分工机制，但问题在于，对委托人而言，使用几个监督人是最优的？因为这涉及监督的效果与效率。如果委托人决定使用两个监督人，由第二监督人对第一监督人进行监督，会产生一个新问题，即谁来监督第二监督人。共谋能否被阻止取决于其被发现的可能性，一旦第二个监督人不被监督，他也将会共谋从而失去了其存在的价值，这将导致一个监督的无穷循环。

五、双监督人的共谋防范机制

雇佣两个监督人是防范共谋的一种现实之选。考夫曼和拉瓦瑞（1993）使用第二个监督人，同时创造第二个替代信息源来遏制共谋。拉丰和马赫蒂摩（1996）、考夫曼和拉瓦瑞（1995）认为雇用两个同质的审计人（即内部审计人），通过控制每个审计人的信息引发审计人之间的竞争能够限制共谋。克雷普斯、米格罗姆和罗伯茨（Kreps，Milgrom & Roberts，1982），考夫曼和拉瓦瑞（1996）则利用双审计人的"囚徒困境"机制来阻止共谋。通过奖惩机制的设计，使同时行动的两个审计人之间相互制约，从而破解监督监督人的无穷循环难题。

同质的内部审计人能获得高质量信息，且由于同时提供其他服务（如制定预算计划）使得监督功能的机会成本较低，但是因为其与组织订立的是长期契约，容易迫于压力而与被监督对象达成共谋。考夫曼和拉瓦瑞（1996）认为，外部审计人虽然信息较少，成本较高，但由于与组织订立的是短期契约而独立性较强，不易被代理人所俘获，其主要职责是监督内部审计人。但他们的模型假定外部审计人总是诚实报告则有失偏颇。同时他们也注意到，由于组织信息的保密性要求，外部审计人的可行性大打折扣。

六、组织歧视——分而治之防共谋

众所周知，在科层组织中，当代理人的业绩难以精确认定时，根据代理人业绩排序来确定报酬的相对绩效评价（relative performance valuation，RPV）或锦标赛（tournament）机制，能够引发代理人之间的相互竞争，从而在一定程度上解决道德风险问题。然而在这种机制下，代理人集体偷懒不会改变业绩的相对排序，在降低劳动成本的同时并没有减少收益，因而对达成共谋有很强的激励作用。即代理人之间可通过隐性或显性的支契约共同消极怠工而非如委托人所希望的那样努力工作，以达到交互保险的目的。为了破解主契约激励强度被弱化的难题，委托人只能追加激励，但这会导致共谋收益的进一步增加，反而陷入强化共谋激励的恶性循环。这就是石黑一雄（Ishiguro，2004）所证明的不可能定理，即如果委托人不能通过其他手段禁止代理人之间的交互保险，那么任何一种对称的 RPV 机制都无法防范共谋。

由于 RPV 机制中存有潜在的共谋收益，加之处于组织同一科层的代理人之间地位平等，任何在共谋利益集团内部平均分配共谋收益的机制都是可行的，因而对称机制无法防范共谋。那么，对委托人而言，通过歧视在代理人之间营造利益冲突，即分而治之，使共谋缺乏效率，可能是阻止共谋的一种现实选择。鲍尔斯（Bowles，1985）曾讨论过如何在企业中引入"分而治之"策略以歧视能力相仿的工人，石黑一雄（2004）、陈志俊和邱敬渊（2001，2003）则先后尝试在组织中引入歧视机制以防范共谋。

歧视之所以能防范共谋，原因在于不同的待遇或信息结构使得代理人参与共谋的机会成本或者利益诉求出现差异，代理人之间无法就共谋收益的分配达成一致，从而导致利益集团的瓦解。具体而言，就是受到优待的代理人其保留效用更高，所要求的共谋收益更多，而受歧视的代理人则因得不到足够补偿或厌恶不公平而放弃共谋。实际上，委托人在具体运用歧视时，可以选择显性歧视——即代理人的身份是共同知识（如性别工资歧视），也可以选择隐性歧视——即代理人的身份是私人信息。石黑一雄（2004）首次尝试在 RPV 机制中采用显性歧视，即根据代理人的外在特征制定歧视性工资方案（例如在能力相当的情况下，给男性高工资，给女性低工资），委托人因此可以确保代理人之间不会达成共谋。然而，由于受歧视的代理人会失去努力工作的积极性，最终可实施的努力水平不是帕累托最优的。陈和邱（Chen & Chiou，2002）则认为在显性歧视下代理人的地位差异是一个公共信息，利益集团可以据此来分配共谋收益，石黑一雄的显性歧视机制不足以引发代理人之间严重的利益冲突并导致利益集团崩溃，因此无法阻止共谋。为此，陈志俊和邱敬渊（2003）在一个简单的锦标赛模型中引入隐性歧视，用晋升机会的不同取代工资差异，委托人通过只将谁被看好谁被歧视的信息告知其中一个代理人，从而在代理人之间制造信息不对称并引发利益冲突，最终实现阻止共谋的目的。他们的研究表明，在 RPV 机制中引入不对称歧视，可以有效地防范共谋，从而推翻了石黑一雄的研究结论。

七、基于 P‒S‒A 框架共谋研究的不足

梯若尔和拉丰所开创的 P‒S‒A 范式奠定了分析组织内共谋问题的理论基础，后续诸多学者都是基于此种分析范式进行扩展，主要是研究共谋在组织中的角色以及组织对共谋存在的相应制度反应。这一领域的研究尚存在以下问题：

1. 纯理性假设使得研究结论具有局限性

在 P‒S‒A 分析框架中，共谋防范原理和组织设计等价原理为组织中的共谋防范提供了有益的思路，但也提出了一个有待检验的命题，即基于纯理性假设得出的结论在有限理性假设之下是否依然成立？

依据共谋防范原理来设计制度，需要使代理人从主契约中获得的收益不少于来自共谋的收益，只要剩余的信息租金为正，纯理性的委托人是能够接受的。然而，人性不只是逐利的，还有公平与互惠甚至利他的考量，在世界各地反复进行的最后通牒博弈实验，其结果已经证明了这一点。同时，现实中信息租金的规模可能非常庞大，甚至是天文数字，社会规范也无法容忍通过让渡部分租金给代理人以使其不共谋的做法。总体来看，上述两方面因素使得共谋防范原理在现实中具有较低的可操作性。

此外，通过把与代理人签约的权力授予监督人，将其变成剩余索取者从而防范共谋的思路在现实中得到反证。代表股东行使监督职能的董事会，在握有与经理人签约权力的同时又与其共谋，从而表明公司治理中的纯粹分权无助于解决共谋问题。

2. 逻辑推演对共谋当事人行为的猜测无法触及其行为理性的实质

由于逻辑推演是基于一定的人性假设，对共谋当事人的行为进行猜测而非直接观察，未能触及共谋现象背后当事人的行为理性，从而无法真正理解共谋的生成机理与影响因素，而受控的局域网实验则可以直接对当事人的行为进行观察，很好地解决上述问题。

3. 基于标准信息分布的研究忽略了另一类重要的代理问题

P‒S‒A 框架是基于委托—代理中的标准信息分布展开研究，其中委托

人处于信息劣势，主要关注委托人如何通过契约设计和组织设计来防范监督人与代理人之间的可能共谋，忽略了现实中大量存在的另一类共谋现象，即部分委托人由于事实上知情而可能与监督人和代理人一同侵害其他委托人利益的剥夺问题。

根据上述分析，单独依靠契约激励或分权设计能否有效阻止共谋有待商榷，将契约设计和组织设计嵌套起来构建共谋防范机制，可能是一种值得尝试的思路。

第三节　知情委托人范式中的共谋与防范

经典公司治理理论将研究主题锁定在第一类代理问题（即股东和经理之间的利益冲突）上时也就暗含了标准信息结构和股东同质性假定，即股东处于信息劣势，且无论大小同为经理人机会主义行为侵害的对象，从这个意义上说股东们的利益应当是一致的。然而，公司实践中的信息分布远比标准范式所假设的复杂，因而大量存在着另一类代理问题（即控股股东与经理共谋侵害中小股东的利益）。弗兰克斯和梅耶尔（Franks & Mayer，1994），克莱森斯、贾科夫和朗（Claessens、Djankov & Lang，2000）以及拉詹（Rajan，1992）等学者的研究表明，就全球的情况来看，在欧洲与东亚等相对或高度集中的股权结构下，普遍存在着控股股东（或大股东）恶意侵害中小股东利益的现象，剥夺问题已经超越股东和经理之间的代理问题而成为公司治理的主要矛盾。

20世纪90年代中期以来，得益于LLSV基于法经济学视角的一系列工作，公司治理的研究主题由第一类代理问题切换到第二类代理问题，即由代理问题转移到剥夺问题，研究的重心也由市场约束（包括产品市场、资本市场以及经理人市场）转向投资者保护的法律环境。

LLSV（2000）将剥夺行为称为"隧道效应"，即控股股东基于金字塔式的股权结构，通过证券回购、资产转移、转移定价等方式将公司的资金转移到自己手中，从而使得小股东的利益受到侵害。实践中，控股股东对中小股东的剥夺往往是通过与经理、员工等内部人的共谋来实现的。

一、非标准委托—代理范式——知情的委托人

（一）知情委托人的开创性研究

信息结构是委托—代理问题的核心，关系到参与人的策略选择与博弈均衡。标准委托—代理理论总是假定由委托人于事前向拥有私人信息的代理人提议一个契约（机制），而以先后发表在《计量经济学》杂志上的三篇经典文献为标志，梅尔森（Myerson，1983），马斯金和梯若尔（1990，1992）（简称 M 和 MT90，92）对知情委托人（informed principal）问题的研究超越了标准理论的框架，对委托人拥有私人信息的事后契约做了分析，假定委托人在获知状态值后再向代理人提出契约。标准范式与非标准范式下的契约时序分别如图 2-3 和图 2-4 所示。

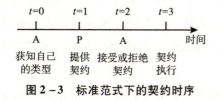

图 2-3　标准范式下的契约时序

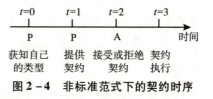

图 2-4　非标准范式下的契约时序

当委托人也拥有私人信息时，M 指出委托人对机制的任何建议或设想都会透露有关其类型的信息。因而，委托人在设计机制时便面临是隐藏还是显示私人信息的两难选择（私人信息可能会影响委托人对机制的偏好，要隐藏私人信息，就不能依赖该信息去选择机制）。为解决这个难题，M 提出不可理解机制（inscrutable mechanism）①，并列举了一系列解的概念，其中一些

---

① 不可理解机制指不同类型的委托人会选择相同类型的机制，从而机制选择本身不显示任何有关其类型的信息。委托人从不需要通过他对机制的选择向下属传递信息，原因在于他总是能够把这种传递嵌入机制本身的过程中。

解是合作性的。对委托人来说最有意义的强解（strong solution）可能并不存在，而不被占优机制、例外均衡与内核机制等解虽然总是存在，但机制集过大。① 为找出更有力的解概念以确定对委托人来说最优的不可理解机制，M刻画了中性最优机制（为非闭锁机制的最小可能性集合，当强解存在的时候则包括强解）并证明其存在性，由于事后有效的社会选择规则使机制设计者得到所有的社会剩余，那么当机制是由知情的委托人来设计时，该问题即迎刃而解。总的来看，M模型最关键之处在于，如果委托人与下属之间存在着有效的沟通，其便可以影响代理人在非均衡路径上的信念，从而能在均衡中可加以实施的仅有未被任何联合锁定的那些机制。

相比之下，MT的研究则是按照提出契约、接受/拒绝契约、执行契约的三阶段方法展开，分别考虑了"私人价值"（1990）和"共同价值"（1992）两种情况。假设用 y 表示配置结果，委托人的类型为 t_0，代理人的类型为 t，如果委托人的类型 t_0 不进入代理人的效用函数（当然，代理人的类型可以进入委托人的效用函数），即委托人的效用函数为 $u_0(y, t, t_0)$，代理人的效用函数为 $u_i(y, t)$，是为私人价值。此时，只有当委托人的类型影响到其在实施机制时的行为时，代理人才会关心委托人的类型。如果代理人始终关心委托人的类型，或者说 t_0 影响了某些代理人的效用函数，就会出现共同价值问题。

私人价值模型一个至关重要的特征是委托人能够保证自己至少获得与标准模型中其类型是共同知识时相同的支付。MT90的私人价值模型表明，如果效用函数是拟线性的，当代理人知道 t_0 时，其IR和IC约束的拉格朗日乘数与 t_0 无关，故不同类型的委托人在设计机制时，并不能通过使代理人的IR和IC约束与委托人类型无关而获益，这意味着代理人是否知道 t_0 无关均衡结果，委托人的私人信息不会影响配置效率，此时标准委托—代理理论仍

---

① 强解是在均衡中既安全又不被占优的机制，安全性是指无须考虑代理人的后验信念对均衡的影响。无论代理人对委托人的私人信息作何推断，强解都是激励相容的，因而是安全的、可实施的；不被占优性是说强解给委托人带来了最大的预期效用。如果强解存在，即使委托人实际上可能偏好其他一些激励相容的机制（给定其真实类型），但他仍将实施强解或其他能带来相同效用配置的机制。

然成立。但是，如果效用函数不是拟线性的，上述结论就不再成立。MT 引入并证明了对委托人类型的任何信念均存在帕累托有效机制，即强无约束帕累托最优（strong unconstrained pareto optimum，SUPO），其为知情委托人博弈的唯一完美贝叶斯均衡。[①] 对于不同类型的委托人，代理人 IR 和 IC 约束条件的拉格朗日乘数并不相同，MT 设想了一虚拟经济中的竞争性均衡，其中各类型的委托人交换满足代理人激励约束和参与约束的松弛变量，最终得到松弛变量 – 交换均衡是 SUPO 的结果。[②] 均衡时，委托人在契约提出阶段并不透露任何私人信息，而在契约执行阶段显示其类型。

在共同价值模型中，委托人的类型为公共知识，其无法保证自己获得相同的收益，原因在于委托人的类型 t_0 直接影响代理人的效用，如果代理人对 t_0 判断失误，他们可能会拒绝接受代理人知道 t_0 时的最优机制。MT92 引入弱中度有效（weakly interim efficient，WIE）的概念，表明其对一些信念（指代理人对委托人类型的信念）而言总是中度有效的，且契约提议博弈的均衡集是由弱帕累托优于 Rothschild – Stiglitz – Wilson（RSW）的配置组成，故当且仅当 RSW 中度有效时才存在唯一的均衡结果。[③]

对于 M 与 MT 的研究，我们可以看到其主要不同之处在于 M 用了合作博弈的方法，MT 则使用非合作博弈的方法；同时 M 的研究背景也更为一般化，尤其是在效用函数非拟线性时，代理人也可能拥有私人信息，如此一来，M 所谓的即使强解存在均衡结果通常也不唯一的看法便不适用于 MT 更为结构化的模型。此时，契约时序则如图 2 – 5 所示。

---

① 机制 M 是一个 SUPO，须满足条件：（i）给定先验信念，M 是激励 – 可行的；（ii）不存在直接机制 M′和关于委托人类型的信念 G，在给定信念 G 时，M′是激励 – 可行的并且委托人偏好 M′而非 M 独立于其类型。

② 例如，一类委托人接受对 IR 约束的放松以换取对违反 IC 约束的许可，而另一类则可能刚好相反。

③ 如果一个配置是激励相容的，且在不考虑代理人对委托人类型的信念时不存在双方当事人都偏好的这种机制，即为弱中度有效。如果一个激励相容配置在一组确保代理人不论其信念是什么，至少得到保留配置效用的激励相容配置集中最大化委托人各种类型的支付，则相对于保留配置是 RSW（RSW 在满足激励相容条件的一组分配中使每类委托人的支付最大化，而且保证了代理人的保留效用）。

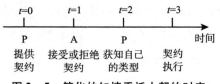

图 2 − 5 简化的知情委托人契约时序

在非标准范式的契约时序中，对于代理人而言，委托人在获知自己的类型后再提供契约，实际上暗含了信号传递问题，从而使契约订立博弈复杂化。为了分析起见，拉丰和马赫蒂摩（2002）用一简单的事前模型阐明了委托人的激励约束对于调节配置效率所起的作用。

（二）知情委托人范式在共谋研究中的应用

由于知情委托人范式改变了标准委托—代理中的信息分布，委托人群体的利益不再是一致的，而是出现了分歧，其中的知情者保留效用会提高，整个委托—代理关系中的利益链条会发生极大的改变。部分知情的委托人成为内部人，与监督人和代理人结成联盟，共同侵占不知情委托人的利益就成为可能。在股权相对或高度集中的公司里，这种剥夺型共谋现象层出不穷，在我国证券市场股权分置，发起人股东和公众股东履行不对等出资义务的背景下，则更为严重。因此，基于知情委托人范式对第二类代理问题以及剥夺型共谋进行深入研究则更为贴近现实。

当然，有学者将知情委托人分析范式直接用于对共谋现象的研究中。在不对称信息下的多代理人机制中，假定由拥有完全谈判能力的当事人向另一方提出支契约，克萨达（Quesada，2004）把共谋问题转化为知情委托人问题来分析，以技术复杂性的增加为代价，在对共谋形成的分析中引入了更多的现实性。克萨达考虑了两种博弈时间线：若代理人在共谋发生前决定是否接受委托人的要约，则分析共谋问题的相关框架是考虑共同价值的知情次级委托人（sub-principal），此时委托人可以实施无共谋的最优契约；若代理人在共谋之后接受或拒绝委托人的要约，假定代理人 1 在主机制中承诺对拒绝支契约的代理人 2 进行惩罚，且该惩罚策略独立于代理人 1 的私人信息，则需要用私人价值框架来分析共谋问题，此时对代理人 1 来说承诺一种独立的惩罚策略是事后最优的，且次优契约不再是可实施的，而委托人将对次优契约扭曲产量在租金与效率之间进行权衡。

二、知情委托人的形成与剥夺型共谋

公司治理中的剥夺问题之所以会出现，归根到底是因为相对或高度集中的股权结构使得公司当事人之间的信息结构和控制权分布出现了不同于伯利和米恩斯假设的微妙变化，即股权结构的变化改变了内部人和外部人之间的信息与控制权分布，控股股东（不论其具体表现为国家、家族还是其他形式）成为知情的内部人，从而有动机和能力对中小股东进行掠夺。[①]

关于所有权集中度问题，LLSV（1998）曾论及过，他们以 27 个发达国家为样本的研究发现，在弱投资者法律保护的国家里，即便最大的公司往往也是控制在创立或收购这些企业的政府或家族手中，因而与那些投资者法律保护较强的国家相比，公司控制权更为集中。控股股东通过金字塔式的股权结构和参与管理，获得远超其现金流权的控制权。而在投资者保护较强的国家中，伯利和米恩斯式的公司则更为普遍。

既然集中的股权结构使得控股股东成为知情的内部人，容易滋生剥夺问题，从而使得公司治理缺乏效率，那么为何其依然能在很多国家长期存在？在美国治理模式中分散的股权结构之下罕有剥夺问题，为什么全球的公司治理未能向美国模式趋同，即普遍采用分散的股权结构以杜绝大股东对中小股东的侵害呢？LLSV 认为原因在于各国投资者保护的法律环境存在显著差异。施莱弗和维什尼（1997）认为公司治理是旨在解决融资与管理相分离（也就是所有权与控制权相分离）所引发的代理问题的制度安排，而投资者的法律保护和集中的所有权则是良好公司治理机制所必要的互补因素，如美国、德国和日本等国家成功的公司治理体系都是依赖于这两种因素的有效结合。实践中，法律渊源的不同（国家间政治、历史等的不同）使各国法律环境在对投资者的法律保护上存在有规律的巨大差异，按照由强到弱的排序则分别

---

① 他们认为"所有权分散于小股东，控制权集中于经理"是理想的治理结构。

是普通法系国家、德国和斯堪的纳维亚国家以及法国民法（LLSV，2000）。当法律不能给中小投资者以足够的保护时，小股东可以通过变成大股东来获得更有效的控制权以便监督经理，当控制权集中在一小部分拥有大量现金流的投资者手中时，投资者一致行动就比控制权（例如投票权）被分配给他们中很多人时更容易。从这个意义上说，高度集中的所有权是治理结构对弱投资者法律保护的适应性反应。实际上，所有权集中确实改善了投资者的法律保护。

为了检验施莱弗和维什尼（1997）的研究结论，LLSV（1998）以 49 个国家的数据为样本，使用司法体制效率、法律规则、腐败、征用风险和违约风险五个指标刻画各国的法律规范与实施质量，证实了良好的会计标准、法律规则以及投资者保护，与所有权集中程度之间存在显著的负相关关系。如果对中小投资者保护不力，将会弱化其用资金交换证券的意愿从而抑制资本市场的发展，结果就是企业无法从投资者手中融资，企业家也难以在资本市场上稀释控制权，从而资本市场的深度和广度都会受到影响，代价十分高昂。

在我国资本市场上，控股股东对中小股东的剥夺非常普遍，形式也比较多样。然而，我国上市公司的集中型股权结构乃至国有股"一股独大"，其形成并非一如 LLSV 的逻辑，而是有自己独特的背景。众所周知，我国资本市场在建立伊始，上市公司多由国有企业改制而来，依照相关法律法规要求设置的多元法人股权结构只是名义上的。为了保证国有资本的主导地位，国家明确规定国有股、法人股按面值折股而非溢价发行，同时不能上市流通的制度安排，结果就是上市公司的股权结构中国有股、法人股处于控股地位，实质上体现了政府对证券市场的垄断，同时也造成了中国证券市场的二元结构。具体到公司治理中，就是大股东侵害中小股东甚至掏空上市公司的现象屡见不鲜。

因此，在集中的股权结构以及由此带来的治理问题上，中外的情况可以说表现相似，但成因不同。当然，这给我们解决公司治理中剥夺问题提供了有益的思路。

三、防范剥夺型共谋的意义

资本市场之于国家的经济发展有着相当重要的作用，这一点已为诸多的研究所证实。例如，金和莱文（King & Levine，1993）、莱文和泽尔沃斯（Levine & Zervos，1998）研究发现，发达的债券和股权市场有助于经济增长，拉詹和津加莱斯（Rajan & Zingales，1998）发现，在有发展良好的金融体系的国家，那些特别依赖外部融资的资本密集型部门表现出较高的增长。那么，又是什么因素决定资本市场的发达程度呢？LLSV（1998）从投资者法律保护的视角，使用49个国家的样本进行研究，以法律规范的特征和法律实施的质量作为衡量标准，结果表明在对投资者保护较弱的国家其资本市场（股票和债券市场）也较为落后。

为进一步确定投资者保护和控股股东现金流权对公司价值乃至金融市场发展的影响，LLSV（2002）提出了一个完全由股东－企业家－控制的简单模型，推导出在股东保护较好或企业家现金流权较高时对中小股东的剥夺较少，公司价值（托宾Q）较高的结论。之后他们以全球27个发达国家539家大公司为样本进行的实证研究，证实了上述理论预测的结果，尤其是在弱投资者保护的国家则更为显著。例如，与普通法国家相比，法国民法国家的投资者保护最弱，资本市场也最不发达。

四、防范剥夺型共谋的制度举措

（一）完善投资者法律保护

在LLSV看来，集中的股权结构一方面是对弱投资者保护的适应性反应，另一方面又是滋生剥夺问题的温床，实际上成为投资者保护问题的一个悖论，实证研究也表明集中的股权结构与投资者法律保护负相关。那么，一个合乎逻辑的推论就是，推动公司治理改革，完善对投资者的法律保护，可以降低对股权结构集中的依赖，从而有效遏制控股股东对中小股东的剥夺。

LLSV（1998）的研究表明，控股股东和中小股东的这类代理成本可以通过改善法律环境，使掠夺中小股东权益的行为更加困难，以及通过寻求外部的资本，从而达到最优的法律机制以保护中小股东权益而降低。当然，这些都需要通过深化公司治理改革来实现。

深化公司治理改革，势必要涉及治理模式的选择问题，英美市场主导型与德日银行主导型这两种成功的公司治理模式是不同的法律保护度和所有权集中度的组合，各有利弊，施莱弗和维什尼（1997）认为尚无法根据可得的证据来说明二者孰优孰劣。

至于公司治理改革的备择路径，科菲（Coffee，1999）认为有法律趋同和功能趋同两条。其中，法律趋同指朝向成功标准来改变法律法规及其执行机制，大力进行立法、司法和规制的改革。功能趋同则指的是更分散化的、基于市场的变革，在本质上不需要法律改革，但加上法律变革却可以使更多的企业和资产得到有效的投资者法律保护。LLSV显然是法律趋同观的倡导者。

实际上，关于法律在社会经济组织活动中所起的作用，詹森和麦克林在1976年即有所认知，他们认为，成文法对于在遵守刑法的前提下经济活动主体可缔结的契约类型作出了限制，而政府拥有的强制力量则用以确保契约的严格履行或对违约损失的责任方强行收取罚金，法院系统对双方当事人的契约履行情况所进行的司法裁决，形成了普通法主体赖以存在的所谓判例。如此一来，政府的活动在影响被执行契约种类的同时，也影响到对契约的依赖程度。

法律制约剥夺行为的机理是什么呢？LLSV（2000）认为法律对外部投资者的保护能够在一定程度上降低剥夺技术的效率。在没有投资者保护的极端情况下，内部人可以完全有效地窃取公司利润，理性的外部人显然不会向缺乏良好声誉的公司投资。随着投资者法律保护的改善，内部人的转移行动必定更加扭曲和浪费，例如，需要在离岸或到岸的避税港建立第三方中介性质的公司以转移收入和利润，当然这些机制还能够使内部人有效地转移公司资源。一旦法律对投资者保护变得较强时，就会大大压缩内部人机会主义行为的空间，他们所能做的充其量就是给自己过度付酬，任用亲属从事重要岗位的工作，或者进行低效率的投资。随之而来的是，股利政策也将会发生良性变化，内部人的转移技术失去效率，从而其剥夺的资源将会减少，控制权私人收益随之降低，公司的外部融资条件也趋于好转。因此，法律对投资者的保护在弱化剥夺技术效率的同时，也调整了进行外部融资的机会。

（二）具体的实施原则

LLSV 的一系列研究成果构成了在公司治理研究领域独树一帜的"法律至关重要"假说，尤其是他们认为，法律方法对于理解公司治理及其改革要比纠结于由银行主导还是市场主导更为现实，多数国家需要进行激进的法律变革来改善对投资者的保护（即所谓的公司治理法律趋同），并提出一系列原则：

首先，影响资本市场形成的绝不是法律态度和情感，建立和完善保护投资者的法律法规至关重要；其次，好的法律法规是那些能够实施的法律法规，因此需要强化法律的实施机制并提高司法效率；最后，正如格莱泽、约翰逊和施莱弗（Glaeser、Johnson & Shleifer，2001）所指出的，在无法通过法院执行私人契约和法律时，政府对金融市场加以规制可能有用。即如果法律不完善或实施不力，对证券市场进行严格的监管可能是有用的替代方案。

五、law matters 假说面临的困难与质疑

LLSV 是公司治理改革法律趋同观的倡导者，他们认为强投资者法律保护与有效的公司治理不可分离，因而主张完善投资者的法律保护以解决公司治理中的剥夺问题，为推进公司治理改革，解决股权集中状态下的公司治理问题带来很好的启示。然而，实践中 law matters 假说的实现面临诸多困难，同时其理论思路本身也有值得商榷之处。

（一）完善投资者法律保护面临的困难

LLSV（1998）认为，尽管市场在调节而且最终一定会调节剥夺行为，但目前的所有权结构却仍然是对于国内法律环境的一种均衡反应，因为控股

股东一般不会支持相关的加强中小股东权益保护的法律改革。事实上，他们可能通过院外游说活动去阻止相关法律的通过。

同时，政府和控股家族方面也会存在比较强的阻力，一方面政府缺乏出台相关法律，将自己手中对大公司的监管权授予银行家的激励；另一方面从控制大公司的家族的立场看，外部投资者法律保护的改善具有双重影响，即在降低剥夺技术的效率从而减少控制权价值的同时，会因融资的改善带来公司总价值的上升。当然，其首要的效应还是为了小股东和债权人的权利向内部人征税，改革家视为投资者保护的行动被创业家族称为"剥夺企业家"。因此，毫不奇怪的是，在全球几乎所有的国家里，控股家族都反对旨在强化投资者保护的法律改革。

（二）对法律制度外生性的质疑

LLSV 的 law matters 假说实际上认为法律制度具有外生性，从这个意义上说公司治理的法律趋同是可行的。然而，比较制度分析和转型经济方面的学者们对此提出了不同看法，例如，鹤光太郎（2003）认为法律制度内生于社会的经济和文化体系，强行移植所谓成功的法律制度，以改变人们的行为模式，结果将会适得其反；而钱颖一（1995）、皮斯托和徐（Pistor & Xu，2005）认为由于历史原因，现有的社会网络和政治规范等法律外制度已经自然替代了法律对投资者的保护，用法律制度来替代法律外制度需要一个过程。

（三）来自转型经济国家的挑战

一直以来，我国的上市公司中普遍存在着国有股一股独大或者家族控股现象，控股股东通过诸如关联交易、挤占上市公司资金、操纵业绩与信息披露、股权稀释等一系列手段对中小股东进行掠夺，现行的公司治理机制对此无能为力。LLSV 提出的 law matters 假说对于理解上述现象的经济逻辑并寻求治理之道提供了有益的思路，对于我们深化公司治理改革有着相当的借鉴意义。

当然，LLSV 的政策建议属于公司治理正式机制的范畴，其关于投资者法律保护的立法、司法与监管原则隐含了一个递进并逐渐放松的假设，在特定的制度环境下，如处于经济转型期的中国和俄罗斯，正式机制（内部治理、市场机制、监管与司法）的失灵或低效使得该假说缺乏理想的实验场景，从而难以取得理想的效果。此外，中国上市公司的集中型股权结构其形成原因与 LLSV 的逻辑不同，通过完善立法与提高司法效率来加强对中小投资者的保护势必面临既得利益集团的阻力而难以顺利实现。因此，在转型经济的制度背景下，寻求替代性的公司治理制度安排可能是一个更为现实的选择。

　　总的来看，现有对剥夺型共谋的研究往往并未涉及其理论基础，采用实证方法对共谋当事人的行为与诸多影响因素之间关系的研究更多是推测而非直接观察，常常因为代理变量的选取不当以及难以精确分离诸多因素的具体影响而效果不令人满意。在实验室条件下，我们可以控制一些因素，直观地考察投资者法律保护状况对于防范剥夺型共谋以及对投资者投资意愿的影响，从而更好地理解与检验 LLSV 的 law matters 假说中投资者保护之于共谋防范以及资本市场发展的作用。

六、共同代理中的共谋

　　前面所讨论的三类共谋主题都是基于霍姆斯特姆（1979）、格罗斯曼和哈特（1983）的双边委托—代理模型展开的，此外，公司治理中尚有一类共谋现象，需要在多边委托—代理框架下才能很好地加以理解，这就是共同代理中的共谋。

（一）多边委托—代理关系——共同代理

1. 共同代理的含义

　　共同代理理论的产生源于对一类现实经济现象进行解释的需要。虽然双边委托—代理模型为研究从计划问题到契约关系等一系列重要经济现象提供了高度弹性的框架，但无法解释一种普遍存在的经济现象。例如，在批发和零售行业，大量的商品交易是通过商业代理和经纪人来完成的，而且许多生产厂商往往会把产品的经营权委托给同一代理人，而不是采取传统的排他性模式。

伯恩海姆和温斯顿（1986）在其开创性研究中，将特定个体（代理人）的行为选择影响了并非一个，而是多个对各种可能行为的偏好相互冲突的当事人（委托人）的情形定义为"共同代理"。

2. 共同代理的类型

根据代理权获取方式的不同，共同代理可以分为授权（delegated）和内生（intrinsic）两大类（Bernheim & Whinston，1986）。其中，基于自愿或独立原则，多个委托人将某种决策权授予一个（共同）代理人的是授权共同代理，这是一种普遍存在于批发贸易和零售行业当中的常见契约安排；当代理人被"天然地"赋予某种决策权，既影响他人，又受他人的影响，这就是所谓的内生共同代理。例如政府的计划部门，被依法授予实施激励（税收或规制）的权力，其决策影响每个公民，而其目标又会受到公民行为的冲击。当然，这两类共同代理的最大区别在于代理人的策略空间不同。

在伯恩海姆和温斯顿分类的基础上，卡左拉里和斯卡尔帕（Calzolari & Scarpa，1999）提出了介于授权型和内生型共同代理之间的第三类共同代理——非内生型共同代理（non-intrinsic common agency）。代理人可以自由选择为多少委托人工作，同时没有委托人能为契约设置条件以影响代理人接受其他契约的决策。在这种情况下每一委托人仅仅提供一种契约给代理人，且代理人有自由选择接受全部、部分或零契约。

（二）共同代理中的共谋

在伯恩海姆和温斯顿（1985）所提出的共同代理基本模型中，基于当事人风险中性的假设，多个委托人同时独立地向一个代理人宣布激励机制，委托人的利润受代理人行为选择的影响，且委托人只能观测到特定的绩效结果而无法观察代理人的行为，从而代理人只看重实施特定行为的效用和总的激励机制。因此，各委托人的策略皆为一个结果依存型报酬机制所组成。他们的模型得出了共同代理能促进委托人之间共谋的结论，因为无论何时委托人之间的共谋都将是最优的。

康林（Conlin，2002）分析了纵向市场结构对电影业竞争的影响，发现通过共同代理，能对一组电影竞争的外部性进行内部化，从而有效地减缓电影集聚的现象。实证结果证实了伯恩海姆和温斯顿（1985）关于共同代理能促进委托人之间共谋的结论。

当然，与双边委托—代理框架中的共谋会损害特定当事人的利益所不同的是，在共同代理中委托人之间的共谋旨在消除代理人可能存在的道德风险，因而实际上可能不属于公司治理需要防范的共谋范畴。但是，对共同代理中的共谋现象进行研究，有助于我们更全面深刻地理解委托—代理关系中的共谋问题。

小　结

信息结构是研究共谋问题的逻辑起点，本章依据私人信息在当事人之间的不同分布状态对双边委托—代理与多边委托—代理中的共谋现象进行了系统分类，并对双边框架下代理人信息优势时的监督型共谋及其防范和（部分）委托人信息优势时的剥夺型共谋及其防范，进行了文献梳理。现有的研究，无论是梯若尔和拉丰的 P－S－A 框架，还是 LLSV 的 law matters 假说，分别采用逻辑推演或者实证分析的方法，就共谋现象的成因、表现与防范提出了深刻洞见，具有重要的理论价值与现实意义。

然而，国内外学者对于共谋主题的研究尚存有许多未尽之处，例如，基于理性人假设的研究偏离了当事人有限理性的基本事实，事前和事后的推测则无法触及共谋现象背后当事人的行为机理。史密斯开创的经济学实验研究方法则为完善共谋问题的研究提供了契机，尤其是比较制度实验，使我们能够在实验室条件下直接观察不同制度情境中共谋当事人的行为理性及其影响因素，测度和比较现行共谋防范机制的效果与效率，进而为完善机制设计找寻线索和依据。

基于此，本书接下来的内容，将采用比较制度实验的方法，主要对代理人拥有私人信息时的监督型共谋，以及部分委托人拥有私人信息时的剥夺型共谋展开研究。对于监督型共谋，我们采用双监督人的防范机制，并将不同的信息结构（两个监督人之间信息对称或不对称）外生地嵌入其中进行实验；对于剥夺型共谋，我们首先就知情委托人信息结构下的当事人行为进行研究，以作为前导性工作，继而将外生惩罚机制与类别股东表决机制嵌套起来，检验其防范共谋的效果与效率。

第三章

双监督人信息对称下的
共谋防范实验研究

在标准委托—代理范式下，处于信息劣势的委托人会受到代理人逆向选择与道德风险等机会主义行为的侵害，租金抽取和效率的两难使得单纯的契约激励很难从根本上解决问题。对委托人而言，在委托—代理链条上增加一个监督环节，使用监督人对代理人进行监督（即将监督职能专业化）以降低甚至消除信息不对称则是一个现实的选择，此时，组织结构就演化为 P – S – A 的三人（层）形态。然而，由于和委托人之间在目标函数上存在差异，监督人可能会偷懒、与代理人共谋或者敲诈代理人，为了避免监督机制的功能被弱化，机制设计的重点在于如何有效地监督监督人。本章和第四章主要以双监督人机制为例对监督型共谋防范展开实验研究。

第一节　双监督人监督机制中的共谋问题

一、双监督人机制中的共谋及表现

（一）双监督人机制设计的依据

在委托人与代理人之间加入监督层级，初衷在于通过监督职能的专业化提高监督效率，降低信息不对称程度，抑制代理人机会主义行为的可能空间。就科层组织而言，行使监督职能的主体形式多样，对内部人的监督主要是由诸如董事会、审计师、大股东、债权人以及规制机构等外部人来进行。

然而，监督机制的建立并不能一劳永逸地解决问题。正如梯若尔（1986）所指出，不受监督的权力会滋生腐败，监督权力的权力也有可能腐败。在利益诱惑面前，监督人和监督对象之间会通过支契约达成共谋，监督机制的作用因此而被严重弱化，甚至完全流于形式。

监督型共谋属于垂直共谋的范畴，普遍存在于科层组织的内外部活动中。具体来看，又有很多种形式，涉及不同的当事人与利益关系，如董事会与经理层的共谋、审计监督中的共谋、规制机构被上市公司俘获等。P-S-A框架下的监督型共谋，是委托人、监督人和代理人之间三方博弈的结果，此时机制设计的重点在于监督监督人。

按照拉丰和马赫蒂摩的观点，将监督职能在几个监督人之间进行适当分割是有益的，但问题在于如何确定监督人的最优数量并实现他们之间的相互监督。如果由第一监督人负责监督代理人，第二监督人负责对第一监督人进行监督，那么谁来监督第二监督人？一旦第二监督人不受监督，也会演变为共谋的参与者从而失去其存在的价值。继续雇用第三监督人、第四监督人……只会使我们在付出高额成本的同时陷入监督的无穷循环，而无法从根本上解决问题，因此缺乏经济意义上的可行性。① 那么，对于监督人最优数量的一个合乎逻辑的推断就是：一个少，三个多，两个正好。当然，双监督人机制能否真正破解监督监督人的难题，关键在于机制设计本身能否成功地在两个监督人之间营造利益冲突，从而诱使其相互竞争和相互制约。

（二）组织实践中的双监督人机制

双监督人监督机制中的两个监督人，可以是同质的，也可以是异质的。

---

① 使用的监督人越多，一方面需要付出更多的成本，另一方面会加大对监督人资源的需求，使得社会难以承受。

具体到组织实践中，最具代表性的双监督人监督机制莫过于内部审计与外部审计的并存。①

一般而言，内部审计是由组织内部机构或人员进行的审计监督活动，其结果只对本组织负责；外部审计则是由会计师事务所和注册会计师以第三方中介身份提供的鉴证活动，对政府相关部门或社会公众负责。②

作为组织成员，内部审计人借先天之利能获得高质量的信息，并且在向管理层与股东提供关于公司财务状况信息的同时，还提供其他服务（如评估组织中经营机构的效率、制定预算计划等），因而内部审计人提供审计监督功能的机会成本较低。相比之下，外部审计人所获得的公司信息不仅成本较高，而且质量较差。如此一来，外部审计人存在的必要性似乎只有从其增加内部审计人独立性的角度寻求解释，一如考夫曼和拉瓦瑞（1993）的模型所表明的那样。

当然，内部审计人也有其不利的一面，由于与组织订立的是长期契约，内部审计人的雇佣或任免通常由管理层决定，因而相比外部审计人更容易在压力之下丧失客观性，按照管理层的要求提交审计报告，例如在财务审计中对财务报表进行"粉饰"以有利于高管。外部审计人则非组织成员，并且在聘用程序上通常是由股东或董事会中的审计委员会来决定，独立性较内部审计人更强。由注册会计师实施的外部审计监督是公司双监督人监督体系中的重要环节，詹森和麦克林（1976）就将其视为一种提升公司价值、减少代理成本的外部治理机制。

总的来说，内部审计与外部审计皆是利弊兼有，但是二者同时并存、相互补充，在一定程度上确保了双监督人监督机制能够较好地发挥监督作用。

（三）双监督人机制中的共谋

设计双监督人监督机制，基本思路是由第二监督人对第一监督人进行监

---

① 我们认为双监督人监督机制实质上是个广义的概念，监督主体既可以泛指监督机构与人员，也可以特指监督人员，并且本书列举的内部审计与外部审计是基于监督人异质性假定。

② 严格地说，区分内外部审计机构与人员应该看其独立性，即与被审计单位有无直接的利益关系，例如是否由管理层决定其聘用与任免，是否有管理与咨询业务等。

督，切实解决监督监督人问题，以避免监督型共谋的出现。具体到内部审计与外部审计并存的双监督人监督机制中，鉴于外部审计的主要功能是强化内部审计的独立性，那么确保该机制有效性的关键在于维持外部审计的独立性。一旦外部审计人被俘获，现行机制双重监督的实际效果就不容乐观，从这个意义上说，双监督人监督机制中的共谋问题实质上就是外部审计人的共谋问题。[①]

近些年来引起巨大反响的公司财务丑闻，国外的如安然（Eron）、世界通讯（WorldCom）、美国在线（AOL）和施乐（Xerox）等，国内的如银广厦、蓝田股份以及目前趋势越发严重的公司造假上市等，这些现象的背后都隐藏着外部审计人参与其中的监督型共谋问题，正如拉丰和梯若尔（1993）所称，普遍存在的共谋行为弱化了外部审计监督的作用。

就含义来看，外部审计监督中的共谋是指会计师事务所或者注册会计师为了获取和维持审计业务以实现自身利益的最大化，在对上市公司财务报告进行审计的过程中丧失应有的独立性，迎合被审计单位的需要，对其财务造假、歪曲会计信息的行为提供虚假证明或虚伪陈述，欺骗或误导外部投资人并从中获取利益，最终导致审计信息失真以致审计失败的行为。

1. 外部审计共谋的表现

科层组织中，各种监督机制作用的发挥很大程度上取决于其独立性。外部审计人所提供的监督服务，最大价值即在于其由独立性所保证的审计意见的客观性。然而，在利益驱动之下，外部审计人往往会违背职业道德，按照被审计单位的要求对公司的虚假财务报表进行虚假鉴证，对"注水"的资产评估进行虚伪陈述，严重者甚至帮助公司做假账、出具虚假财务报表，以逃避各种检查或者在上市申报、再融资资格审查时蒙混过关。

2. 外部审计共谋的成因

"只有到退潮以后，你才知道谁一直在裸泳"（Buffett, 2000）。外部审计共谋现象一般会在经济泡沫化时出现，而在经济衰退甚至危机时被发现。之所以共谋行为会在外部审计监督中大行其道，原因是多方面的，总的来说

---

① 本书中的外部审计人泛指会计师事务所及其注册会计师。

是共谋需求与共谋供给交织作用的结果。

（1）审计监督活动中的行政干预。

尽管经济体制改革已经进行了四十年，但在转型经济的制度环境中，各级地方政府对经济的行政干预色彩依然浓厚，尤其是对于地方上重点扶持和保护的企业，更是不惜动用行政权力直接进行干预。例如，在企业改制上市时为了达到所要求的资格条件，地方政府以及主管部门会直接出面施加压力要求会计师事务所进行"包装"，"粉饰"资产与业绩，并要求审计不披露不利事项；或者在"保壳"以及再融资时责令相关单位或部门全力配合被审计单位，操纵审计结果，导致审计监督主体被动地参与共谋。

（2）经济利益的直接驱动。

作为审计监督服务的提供方，尽管会计师事务所和注册会计师被誉为"市场经济的看门狗"，肩负着独立监督和客观鉴证的重任，但是作为经济人，其追求最大化自身利益的本质无法改变。因此，在与被审计单位共谋的利益高于委托人提供的报酬时，是非常容易被"俘获"的。在社会诚信普遍缺失的背景下，更加剧了外部审计人独立性的丧失，审计意见的真实性和公允性毫无疑问也就会大打折扣。

（3）外部审计市场的竞争压力。

不同的会计师事务所，由于在规模和人才储备上的区别，以及出具审计意见的保留程度不同，实际上提供的是差异化的审计服务。在过度竞争的外部审计市场中，能否生存取决于相关业务的拓展与维持，一些规模较小的会计师事务所和注册会计师不得不以降低审计质量的方式来争夺客户，恶性和无序竞争的泛滥导致审计市场上出现"劣币驱良币"效应。在大型或者原本恪守职业道德的会计师事务所跟进之后，整个审计市场就会被"潜规则"所驱动，屈从于被审计单位的压力，迎合其审计共谋的要求似乎成了外部审计人唯一的选择。

（4）监督与违规处罚力度不够。

外部审计活动是一种监督机制，本身也应该接受监督和制约，但是现行机制对于外部审计质量缺乏有效的监督，共谋被发现的可能性很小，更多则是问题被曝光后的反证，这无疑会促使外部审计人铤而走险；同时，对于被发现的审计共谋行为，相关部门实施的处罚力度较小且时间严重滞后，例如，对会计舞弊、出具虚假审计报告的相关各方施以刑事处罚本应是最严厉的惩处，但我国证券市场中因此受到刑事处罚者却是屈指可数，从而难以真正对共谋当事人起到足够的震慑作用，无风险的共谋收益与极小的被惩罚机会成本之间的严重失调甚至纵容他们达成共谋。

二、静态的双监督人机制与共谋防范

接下来，我们在信息对称设置下对双监督人监督机制进行研究，首先借鉴著名的囚徒困境机制来构建静态的双监督人模型。

（一）双监督人的囚徒困境模型

假设存在一个委托人 – 监督人 – 代理人（P – S – A）的三层委托—代理结构，P 拥有生产经营所需的资本与技术，但是缺乏必要的能力与精力，因此雇佣 A 为其工作。A 的业绩有低类型 $\underline{\theta}$ 和高类型 $\bar{\theta}$ 两种（也可以理解成低效率和高效率导致从事经营的成本不同，当然具体取决于其能力还是努力此处不做考虑）且为其私人信息。由于逆向选择问题，P 无法在事前知道 A 的业绩类型；同时，由于道德风险问题，P 也无法在事中和事后直接观察 A 的业绩类型，因而只能通过 A 的报告获知。当 A 的业绩为高类型 $\bar{\theta}$ 时，如果 A 向 P 隐匿自己的真实业绩，把自己的业绩说成是低类型 $\underline{\theta}$，即可以占有信息租金 $\pi(=\bar{\theta}-\underline{\theta})$，从而使 P 蒙受损失。P 为了获取 A 的真实业绩信息，以工资 w 雇用并同时派出监督人 S_1 和 S_2 对 A 的业绩进行审查并报告，一旦由 S_1 和/或 S_2 证实 A 徇私舞弊，P 即可收回信息租金 π。此处我们假定两个监督人是同质的（即不区分内部监督人和外部监督人）。

为使虚假业绩信息不被揭穿从而能够获得信息租金，A 将向 S_1、S_2 分别提供贿赂 B_1 和 B_2 以求共谋，S_1、S_2 可以接受贿赂并报告虚假业绩，也可以拒绝贿赂并报告真实业绩。

P 为阻止 S_1、S_2 与 A 共谋，会承诺对 S_1 和 S_2 中的尽职者给予奖励 R，并对渎职者给予惩罚 F（这里我们采用硬信息假定，即业绩信息可证实，如实报告者总是能提供足够的证据，虚假报告者没有证据，从而委托人不存在信息甄别成本）。

在博弈中，P 的目标是 S_1 或 S_2 拒绝与 A 共谋并如实报告业绩类型，A 的目标是 S_1 和 S_2 都接受贿赂并与其共谋，S_1 和 S_2 的目标是最大化自身期望收益。本模型旨在为委托人（P）寻求一种能以较低成本有效阻止监督人（S_1 和 S_2）与代理人（A）共谋的合意机制设计。

对于双监督人的监督机制，我们可以根据监督人的行动顺序从静态博弈和动态博弈两个角度构建模型。此处首先考虑静态机制，即两个监督人 S_1 和 S_2 同时展开审查行动，具体的博弈过程如下：

（1）自然决定 P 的业绩，或高类型或低类型（决定了信息租金的存在性）；

（2）P 同时派出 S_1 和 S_2 对 A 的业绩进行审查，并制定针对 S_1 和 S_2 的奖惩方案；

（3）S_1 和 S_2 对 A 进行观察，获知其真实业绩；

（4）在观察到 P 制定的奖惩方案后，高类型的 A 对 S_1 和 S_2 分别提出一个贿赂数额 B；

（5）S_1 和 S_2 在权衡 P 的奖惩方案和 A 的贿赂数额之后进行策略选择：拒绝贿赂如实报告或接受贿赂虚假报告；

（6）奖惩方案和/或贿赂行动生效，各方当事人收益实现。

这里我们假定 P 制定的奖惩方案中奖励为 R，惩罚为 F，其中 $0 < F < \overline{F}$（$\overline{F}$ 为社会通行的惩罚水平），意指若 S_1 和 S_2 提交的审查结果相同，则奖惩方案不生效，二人收益皆为 0；若 S_1 和 S_2 提交的审查结果不同，则证明 A 舞弊者获得奖励 R，另一人则被处以罚金 F。

静态博弈中的同时行动使 S_1 和 S_2 对于 A 来说完全同质，故 A 在观察到 P 的奖惩方案后只需要对 S_1 和 S_2 分别给出数额相等的贿赂 B 即可，这个四人博弈的支付矩阵如表 3-1 所示。

表 3 - 1   静态博弈支付矩阵

S_1	S_2	
	接受贿赂	拒绝贿赂
接受贿赂	$(0,\ \pi-2B,\ B,\ B)$	$(\pi-R+F,\ -B,\ B-F,\ R)$
拒绝贿赂	$(\pi-R+F,\ -B,\ R,\ B-F)$	$(\pi,\ 0,\ 0,\ 0)$

注：表中各括号内分别为 P、A、S_1 和 S_2 在博弈中的支付。

委托人进行监督机制设计的目的显然在于使（拒绝贿赂，拒绝贿赂）成为纳什均衡，这需要满条件 $F \geqslant B$。由于在博弈中，P 和 A 都受制于预算约束 π，因此 P 承诺的奖励数额 R 必须满足条件 $R \leqslant \pi$，A 给出的贿赂数额 B 必须满足条件 $0 < B \leqslant \dfrac{\pi}{2}$。鉴于法制社会中对于不良行为的惩罚力度 $\overline{F} > \dfrac{\pi}{2}$ 是有足够保证的，而 $F \leqslant \overline{F}$，则 $F \geqslant \dfrac{\pi}{2} \geqslant B$ 成立。

同时，为了保证监督人的支付占优均衡（接受贿赂，接受贿赂）不是纳什均衡，需要满足条件 $R > B$。而根据 P 和 A 的预算约束条件，只要委托人令 $R > \dfrac{\pi}{2}$，即可得以实现，这一点显然不难做到。

因此，在静态的双监督人监督机制中，只要委托人合理设定奖励水平和惩罚力度，就可以使监督人陷入囚徒困境，从而阻止其与代理人共谋。

（二）囚徒困境机制的实验研究

静态的双监督人囚徒困境机制在理论上可以成功地阻止共谋，但在参与人有限理性的实验场景中是否依然有效呢？尽管本书主要通过实验的方法研究共谋防范机制，但鉴于国外学者对于囚徒困境机制进行了大量的实验研究，我们并不打算重复这些工作，而是直接引用一些代表性的实验结果对静态的双监督人机制的效果加以"佐证"。

囚徒困境机制的实验结果并非一如逻辑推演所预测的那样，而是会因实验设置的不同而出现较大差异。在单次博弈中，被试倾向于采用策略占优而非支付占优策略，即个人理性战胜了集体理性，但是凯莫勒（Camerer，

2003）指出在单次囚徒困境博弈中有一半的被试会选择合作，萨利（Sally，2001）更是发现同情心的存在可以在单次囚徒困境中导致合作；在有限次重复博弈中，泽尔滕和施特克尔（Selten & Stoecker，1986）发现被试会在博弈的中间阶段选择合作，而在最后阶段拒绝合作；安德里尼和米勒（Andreoni & Miller，1993）的研究也发现，被试在有限次重复博弈中比重复的单次博弈更具合作性；在无限次重复博弈中，参与人的行为会相对复杂，阿克斯劳德（Axelord，1984）的系列研究发现在无限次重复囚徒困境中，针锋相对（tit-for-tat）策略优于冷酷到底。

　　囚徒困境实验的结果对于我们设计双监督人监督机制有很大的启示，那就是在运用静态的双监督人监督机制时，应当避免重复使用同一对监督人开展监督活动，同时囚徒困境机制的实际效果并不令人满意，因而无法在共谋防范的机制设计中简单地加以运用。

第二节　动态双监督人机制与共谋防范

　　正如我们前面所讨论的，静态的双监督人监督机制之于共谋防范的作用取决于一系列严格的假设条件，如能否合理地设定对监督人尽职行为的奖励及对共谋行为的惩罚，确保其在数额上大于代理人提供的贿赂；同时切勿重复使用同两名监督人组合，避免二者出现合作（共谋）行为。此外，同时使用两名监督人的激励成本较高，对监督人资源的需求过大，从社会的角度讲不够经济。基于上述原因，我们考虑双监督人机制的动态化，希望能为改进监督机制设计从而阻止共谋找寻线索和依据。

　　动态模型刻画的是监督人序贯行动的博弈，我们可以根据 S_1 和 S_2 的信息完全程度分别完全信息与不完全信息两种情况进行讨论。

一、完全信息序贯博弈

　　模型的背景一如前文设定，所谓的完全信息意指序贯行动的 S_1 和 S_2 知道自己被派出的先后顺序，此时的博弈顺序为以下阶段：

第一阶段，P 派出监督人 S_1，并告之如果其提供虚假报告被揭露将会被处以罚金 F。A 提供一笔贿赂 B_1 给 S_1（P 不知道 B_1，A 知道 F）。

第二阶段，S_1 选择接受贿赂而报告虚假业绩或者拒绝贿赂而报告真实业绩。若 S_1 拒绝贿赂，则博弈结束，P、A、S_1 和 S_2 的支付分别为（π，0，0，0）；若 S_1 接受贿赂，则博弈进入下一阶段。

第三阶段，P 派出监督人 S_2，并告之如果其能证实 S_1 提供了虚假报告将会获得奖金 R。

第四阶段，A 在观察到 P 制定的奖金方案后，提供贿赂 B_2 给 S_2。S_2 可以接受贿赂或者拒绝贿赂。若 S_2 接受贿赂而报告虚假业绩，则 P、A、S_1 和 S_2 的支付分别是（0，$\pi - B_1 - B_2$，B_1，B_2）；若 S_2 拒绝贿赂而报告真实业绩，则 P、A、S_1 和 S_2 的支付分别是（$\pi - R + F$，0，$-F$，R）。博弈结束。

整个博弈过程可用扩展式表示如图 3-1 所示。

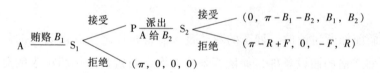

图 3-1 完全信息动态监督博弈

一般而言，P 希望通过在第四阶段子博弈中对 S_2 报告真实业绩给予奖励的同时，对被证明报告了虚假业绩的 S_1 给予惩罚来威慑，力促 S_1 在博弈的第二阶段选择拒绝贿赂策略，这样 P 就不需要再派出监督人 S_2。然而在序贯行动之下，A 总是可以观察到 P 对监督人 S_2 的奖励方案并提供高于 R 的贿赂 B_2 来诱使 S_2 与其共谋。意识到这一点，S_1 敢于在博弈的第二阶段接受 A 提供的任意正数的贿赂数额。此时，无论 P 制定的惩罚力度有多大都不足对 S_1 构成可置信威慑，故 S_1 总是会选择接受贿赂并报告虚假业绩。因此，在完全信息动态博弈中，委托人 P 的任何机制设计方案都会失效，监督人与 A

之间的共谋不可避免。

二、不完全信息序贯博弈

在不完全信息情形下，博弈结构与支付状况与完全信息时相同，所不同的是，监督人不知道自己的编号信息。也就是说，如果某个监督人被派出了，他并不知道自己处于前述扩展式 S_1 节点和 S_2 节点中的哪一个。

此时，监督人只能依据某种概率原则通过对拒绝策略和接受策略的期望收益进行比较，继而做出策略选择。假设两个监督人同质（即指定谁作为 S_1 对于 P 而言无差异）且风险中性，则两个监督人成为 S_1 概率均为 $\frac{1}{2}$，我们同时假定其一旦成为 S_1 之后接受贿赂的先验概率为 β。

如此，对于两个监督人中的任何一个，其被派出的概率为：

$$prob(被派出) = \frac{1}{2} + \frac{1}{2}\beta$$

作为 S_1 被派出的概率为：

$$prob(是\ 1\ 号\ |\ 被派出) = \frac{\frac{1}{2}}{\frac{1}{2} + \frac{1}{2}\beta} = \frac{1}{1+\beta}$$

作为 S_2 被派出的概率为：

$$prob(是\ 2\ 号\ |\ 被派出) = \frac{\frac{1}{2}\beta}{\frac{1}{2} + \frac{1}{2}\beta} = \frac{\beta}{1+\beta}$$

那么，一旦监督人被派出，其选择拒绝策略和选择接受策略的期望支付（expected payoff）就分别为（由于工资 w 是固定的，因此没有包括在期望支付计算内）：

$$U_{拒绝} = prob(是\ 1\ 号\ |\ 被派出) \times 0 + prob(是\ 2\ 号\ |\ 被派出) \times R$$

$$= \frac{1}{1+\beta} \times 0 + \frac{\beta}{1+\beta} \times R = \frac{\beta R}{1+\beta}$$

$$U_{接受} = prob(是 1 号 | 被派出) \times \{\beta B_1 + (1-\beta)(B_1 - F)\}$$
$$+ prob(是 2 号 | 被派出) \times B_2$$
$$= \frac{1}{1+\beta} \times \{\beta B_1 + (1-\beta)(B_1 - F)\} + \frac{\beta}{1+\beta} \times B_2$$

与其他经济人一样，监督人也是期望效用最大化者（Rick Antle，1982）。对于被派出而又不知道编号的监督人，要想使其选择拒绝贿赂策略，P 所设计的奖惩方案必须满足监督人的激励相容约束：$U_{拒绝} > U_{接受}$，转化后即为：

$$\beta R > B_1 - F(1-\beta) + \beta B_2$$

为了便于求均衡解，我们仅对限定 $\beta(0 \leq \beta \leq 1)$ 取两个极端值的纯策略均衡加以考虑，即 $\beta = 0$（监督人从不共谋）或 $\beta = 1$（监督人总是共谋）。当然，在纯策略均衡中，还需要分别考虑混同均衡（代理人视两个监督人同质并给予相同的贿赂，即 $B_1 = B_2$）和分离均衡（代理人视两个监督人异质并给予不同的贿赂，即 $B_1 \neq B_2$）两种情况。

在混同均衡的情况下，由于代理人给两个监督人的贿赂是相同的，当每个监督人先验地认为另一监督人从不共谋（$\beta = 0$）时，均衡条件 $\beta R > B_1 - F(1-\beta) + \beta B_2$ 转化为 $B - F < 0$，即只要惩罚 F 高于贿赂 B，无人共谋将会是一个纳什均衡；而当监督人先验地认为另一监督人总是共谋（$\beta = 1$）时，均衡条件 $\beta R > B_1 - F(1-\beta) + \beta B_2$ 转化为 $B > R/2$，即只要每个监督人所获得的贿赂数额大于奖励的期望值 $R/2$（因为每个监督人成为 S_2 的概率均为 $1/2$），监督人就会选择共谋。

事实上，$\beta = 0$ 和 $\beta = 1$ 下的均衡条件是可以同时得到满足的。但是，就监督人而言，由于同意共谋可以得到贿赂 B（不共谋则得不到），因此共谋将是帕雷托占优均衡。此时，委托人能否阻止共谋呢？直观的感觉是只有在监督人索取贿赂的最低值高于代理人愿意提供贿赂的最高值时，代理人和监督人之间缺乏共同的利基，共谋均衡才无法实现。

具体来看，对于代理人而言，个人理性决定了其开出的贿赂数额必须满足条件 $2B \leq \pi$，即 $B \leq \pi/2$，也就是说代理人最大可能贿赂数额 $B^{max} = \pi/2$，否则寻求共谋对代理人毫无意义。而按照前面的分析，监督人选择共谋所要求的最小贿赂数额为 $B^{min} > R/2$。仅当 $B^{min} > B^{max}$ 时，代理人和监督人之间缺乏共谋的利益基础，共谋均衡才无法达成，但是这意味着 $R/2 > \pi/2$，显然违背了委托人的预算约束条件 $R \leq \pi$。因此，达成共谋对代理人和监督人而言将是多赢的结果，委托人无法阻止共谋的发生。

序贯机制中一旦监督人知道自己的编号，同质性假定即不再成立，此时将会产生分离均衡。监督人获知自己编号的途径有二：委托人主动告知或者通过观察代理人提供的贿赂来判别（一个隐含的逻辑就是代理人提供的贿赂会满足条件 $B_1 \leq B_2$）。

考虑监督人先验地认为另一监督人会共谋的情形，代理人提供的贿赂额显然要分别满足两个监督人的参与约束 $B_1 \geq 0$ 和 $B_2 \geq R$，同时需要代理人无动机去告诉 S_1 他是 S_2，即 $B_1 \leq B_2$；以及 S_2 他是 S_1，即 $B_2 \leq B_1$ 以满足其自身的激励相容约束。上述条件意味着 $B_1 = B_2$ 和 $B_1 + B_2 \geq 2R$。那么对于代理人来说，采用混同均衡更为划算，即 $B_1 = B_2 = B = R/2$。因此，如果委托人不告知监督人编号，代理人同样不会告知。

由于混同均衡下委托人对共谋无能为力，故只能告知监督人编号以期阻止共谋。而当监督人知道自己编号时，博弈回到了前面讨论过的完全信息状态：只要 $B_2 \geq R$，S_2 会共谋；只要 $B_1 \geq 0$，S_1 也会共谋。此时，无论委托人将共谋的惩罚 F 提至多高，都无法阻止共谋，因为理性的 S_1 通过逆向归纳会发现他们根本没有机会承受这个惩罚。

基于以上分析，我们可以得出一个结论，即：在完全信息与不完全信息之下，委托人无法通过固定的策略来阻止监督人与代理人之间的共谋行为。

第三节　信息对称下双监督人机制的实验研究

一、双监督人信息对称下的实验设计与研究假设

（一）实验原理

基于前述的动态博弈模型，我们设计并实施了双监督人监督实验，旨在

检验模型的理论结果在实验室条件下是否成立，并对监督机制的效率以及当事人的行为理性进行深入分析，为进一步改进监督机制设计找寻线索和依据。

由于理论模型刻画的是一个三方四人博弈，结构相对复杂，如果完全依此设计实验会面临一些问题，例如，互动关系过于复杂使得被试决策难度增加，在拉长实验过程的同时难以收敛到均衡，并且影响被试行为的因素太多，后期难以对实验数据进行精确的分离处理。在确保对模型逻辑未有本质偏离的前提下，我们对实验进行了简化设计，其中委托人角色用计算机来代理，监督人和代理人则由真人被试担任，从而将四人博弈转化为三人博弈。

就当事人的信息而言，无论静态模型还是动态模型，两个监督人的信息是对称的，我们则进一步将其细分为完全信息和不完全信息两种情况分别进行研究。完全信息下，序贯行动的监督人知道自己的编号（因而知道自己的出场先后顺序），即是 1 号还是 2 号；不完全信息下，两个监督人都不知道自己的编号（因而不知道自己的出场先后顺序）。两种信息分布的实验各有 9 名被试参加（无交叉），随机分成 3 组，每组 3 人，分别担任 CEO 和 S_1、S_2，各时段内监督人的分组随机变换。

实验中，我们将代理人 A 具体化为 CEO，同时设定其业绩始终为高类型 $\bar{\theta}$，即 CEO 总是有虚假报告业绩以便抽取信息租金的动力，因而总在寻求监督人与之共谋。鉴于委托人由计算机代理，我们把奖励水平设计为外生给定，分别为低、中、高三档（其中高奖励值为潜在信息租金的一半，这是模型机制有效阻止共谋的临界值），每种奖励水平下各进行 10 期实验。同时，S_1 与 CEO 共谋被 S_2 揭发时受到的惩罚 F 也为外生给定且保持不变。

我们的实验被试来自实验经济学专业实验室的被试数据库，他们均是自愿报名参加并且以前从未参加过相似设计的实验。实验中的货币均用 G\$（Game Dollar），实验结束后按比例折合成现金当场支付给被试。实验全部在计算机局域网中进行，被试在独立的决策空间中通过计算机提交决策，实验程序的开发平台为 Z - tree。

实验开始前，除了为被试讲解实验说明、测试被试对实验的理解程度之外，我们还对被试的风险态度进行了测量，参与实验的被试风险态度主要为风险中性和风险偏好两种类型。

（二）实验结构

对称信息下的动态双监督人监督机制实验在完全信息（监督人都知道自己的编号）和不完全信息（监督人都不知道自己的编号）两种情境下分别进行，每一情境各有 9 名被试参加，实验结构如表 3 - 2 所示。

表 3 - 2　　　　　　　　对称信息下的双监督人机制实验结构

实验编号	实验结构	情境设置	信息特征
实验 I	3 人×3 组×10 期	完全信息	序贯行动的监督人知道编号
实验 II		不完全信息	序贯行动的监督人不知道编号

实验中担任监督人的被试序贯行动，分别就公司的业绩信息进行报告，担任 CEO 的被试则通过提供贿赂的方式寻求监督人与之共谋并虚假报告业绩。如果 S_1 如实报告（在硬信息假定下如实报告有足够证据加以证实），S_2 无须出场；如果 S_1 虚假报告，则 S_2 出场，其报告类型决定了监督人与 CEO 之间的共谋能否达成，以及相应的信息租金分割、奖惩机制实现等。

（三）研究假设

根据博弈模型逻辑推演的结论，如果两个监督人之间的信息是对称的，不论是同时行动还是序贯行动，委托人无法通过现行的监督机制设计阻止监督人与代理人之间的共谋，因此我们首先提出假设 3 - 1。

假设 3 - 1：对称信息下双监督人序贯行动的监督机制，无法阻止共谋行为的发生。

在完全信息之下，先发行动的 S_1 如果接受贿赂，将可能被恪尽职守的 S_2 揭发，理性的 S_1 会倾向于拒绝共谋以控制风险；而在不完全信息下，序贯行动的两个监督人身份是模糊的，即都有成为 S_2 的可能性，而 S_2 选择共谋只有机会成本，没有被揭发的风险，故提出假设 3 - 2。

假设 3 - 2：相比完全信息，不完全信息下身份的模糊性使监督人更倾向于与代理人共谋。

考夫曼和拉瓦瑞（1993）认为，在监督机制设计中，奖励水平的提高会导致代理人增加贿赂数额，迫使委托人追加奖励从而进一步抬高阻止共谋的成本。依此逻辑，实验中提高奖励水平会导致实际收回的租金值减少，因此提出假设 3 - 3。

假设 3 - 3：委托人提高奖励水平，会降低监督机制的效率。

安特尔（1982）认为监督人与其他经济人一样，也是期望效用最大化者。博弈模型的逻辑推演正是基于监督人是理性的经济人假设展开，实验中监督人的策略取向显然也应该是追求自身经济利益的最大化，完全信息与不完全信息之下皆然，故提出假设 3 - 4。

假设 3 - 4：作为理性的经济人，监督人会以经济利益最大化作为决策目标。

假设 3 - 4a：完全信息下，S_1 会接受任何数额为正的贿赂。

假设 3 - 4b：完全信息下，S_2 会比较奖励与贿赂并选择其中的数额较大者。

监督人之所以愿意与代理人共谋，原因在于可以分享信息租金，那么分享的比例越大，监督人共谋的激励就越强，而贿赂数额是分享比例的直观体现，因此提出假设 3 - 5。

假设 3 - 5：代理人提供的贿赂数额越大，监督人就越愿意与之共谋。

在身份信息明确时，尽管 S_1 接受贿赂可能增加自己的支付水平，但是却面临被 S_2 揭发的风险，此时风险态度在很大程度上决定了 S_1 的策略选择，即接受贿赂还是拒绝贿赂。基于此，提出假设 3 - 6。

假设 3 - 6：完全信息下，风险态度影响 S_1 的策略选择，但不影响 S_2 的策略选择。

二、实验结果的描述性统计

我们的实验在两种信息状态下的三种奖励水平上分别进行，每个设置下 3 组被试同时进行 10 个时段的实验，共产生 180 个 S_1 的决策数据，113 个 S_2 的决策数据。

（一）监督机制的效果

表 3-3 中列出了完全信息与不完全信息两个实验的结果，具体对应于各奖励水平并分组分时段列示。就双监督人机制的效果来看，无论监督人是否知道自己的编号信息，在低奖励水平时倾向于接受 CEO 的贿赂，而在高奖励水平时则倾向于拒绝 CEO 的贿赂，直接表现就是伴随着奖励水平的提高共谋达成率趋于下降。当然，相比较而言，完全信息时共谋率的下降快于不完全信息，尤其是前者在高奖励水平时甚至实现了零共谋，博弈模型中所谓对称信息的动态双监督人机制无法阻止共谋的结论没有得到证实，假设 3-1 不成立。

表 3-3　　　　　　　　　　信息结构、奖励水平与共谋率

时段	完全信息									不完全信息								
	低奖励			中奖励			高奖励			低奖励			中奖励			高奖励		
	1	2	3	1	2	3	1	2	3	1	2	3	1	2	3	1	2	3
1	S_1	—	S_1	S_1	S_1	S_2	S_1	S_1	S_1	S_1	—	—	S_1	S_2	S_1	S_1	S_2	S_1
2	—	—	—	S_1	S_1	S_1	S_1	S_1	S_1	—	—	—	—	S_1	S_2	S_2	S_2	S_1
3	—	S_1	—	—	S_2	S_2	S_2	S_2	S_2	—	S_1	—	—	S_2	S_1	—	—	S_2
4	—	—	—	S_2	S_2	—	—	—	—	—	—	—	—	—	—	S_1	—	—
5	—	S_2	—	—	—	S_1	S_1	—	—	—	S_1	—	—	—	—	—	—	S_1
6	—	—	S_2	—	S_2	—	S_2	—	—	—	S_1	—	—	S_2	S_2	—	—	S_2
7	S_1	S_1	—	S_2		S_2	S_1	S_1	S_2	—	S_1	S_1	S_1	—	—	S_1	—	S_2
8	S_1	—	—	S_1	—	S_1	S_1	S_2	S_2	S_1	—	—	—	—	—	—	S_1	—
9	—	—	—	S_1	S_2	S_1	S_1	S_1	—	—	—	S_2	S_2	—	—	—	—	S_2
10	S_1	—	—	S_1	S_2	S_1	S_2	S_1	—	S_1	S_1	—	—	—	—	—	S_1	S_2
共谋率（%）	70			33.33			0			66.67			43.33			33.33		

注：—表示达成共谋，S_1 和 S_2 为监督人拒绝共谋；共谋率 = 各奖励水平下的共谋次数/30。

具体来看，在完全信息实验中的各奖励水平上由 S_1 阻止共谋的次数（比例）分别为 7 次（23.3%）、9 次（30%）和 21 次（70%），由 S_2 阻止共谋的次数分别为 2 次（6.7%）、11 次（36.6%）和 9 次（30%）；而不完全信息实验中的各奖励水平上，阻止共谋的次数则分别为 $S_1$9 次（30%）、11 次（36.6%）和 10 次（33.3%），$S_2$1 次（3.3%）、6 次（20%）和 10 次（33.3%）。上述结果表明，共谋达成与奖励水平是负相关的，相对于身份信息模糊时，监督人在知道自己编号即出场顺序时更倾向拒绝与 CEO 共谋，假设 3-2 没被拒绝。

完全信息与不完全信息两种状态下，S_1 与 S_2 接受与拒绝贿赂的均值基本都随着奖励水平的提高而显著增加，表明委托人提高奖励水平导致 CEO 寻求监督人与之共谋所需要提供的贿赂数额在增加，即共谋的成本抬高，难度加大（如图 3-2 和图 3-3 所示）。相对于完全信息而言，不完全信息状态中监督人身份的不确定性，可能对监督人的行为选择有相当约束力，使得监督人只有在贿赂数额较大时才会"铤而走险"，即监督人会要求比完全信息状态下更高的贿赂数额作为风险补偿。然而，实验中在不完全信息状态下 S_1 接受贿赂的均值却显著低于完全信息状态下的这一数值，令我们感到困惑。

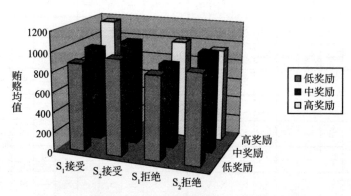

图 3-2　监督人接受与拒绝贿赂的均值（完全信息）

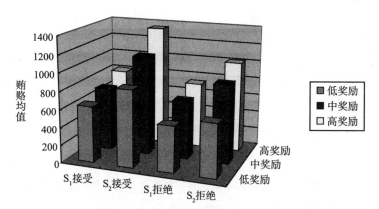

图3-3 监督人接受与拒绝贿赂的均值（不完全信息）

（二）监督机制的效率

委托人设计动态的双监督人监督机制，目的在于阻止监督人与CEO可能的共谋并收回属于自己的信息租金，但是对其而言阻止共谋是有成本的，尤其是在由S_2阻止共谋时，需要付出一笔不菲的奖励（在我们的实验设计中，由S_1阻止共谋时，委托人不需要给予奖励）。因此，在考察监督机制的效果之外，我们更关心其效率如何，以租金回收率作为测度指标，两种信息状态下监督机制各时段的效率如图3-4和图3-5所示。

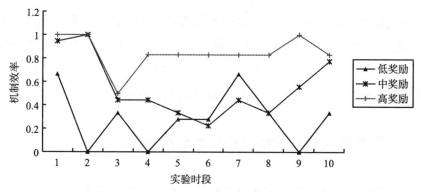

图3-4 奖励水平与监督机制效率（完全信息）

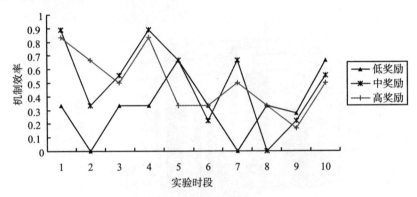

图 3 – 5　奖励水平与监督机制效率（不完全信息）

　　我们定义租金回收率 = 各时段收回的租金值/实际租金值，其中各时段实际收回的租金值为时段租金值减去付给监督人的奖励之后的余额，是三个实验组的加总。

　　按照考夫曼和拉瓦瑞（1993）的逻辑，监督机制的效率与奖励水平之间应该是负相关的，即奖励水平越高，委托人为阻止共谋付出的代价就越高，从而监督机制的效率就越低，以租金回收率作为监督机制效率的评价指标，我们的实验结果并不支持这一推断。在完全信息实验中，虽然各奖励水平上的租金回收率在 10 期实验中表现出一定的波动性，但是并不影响其与奖励水平之间明显的正相关性，并且这种正相关性在 10 期实验中表现得相对稳定；而在不完全信息实验中，与三种奖励水平相对应的租金回收率的排序关系则相对复杂，租金回收率与奖励水平之间的相关性表现得并不明显，并且在 10 期的实验中总的趋势是逐渐下降的，但显然这种监督机制效率的下降并非是奖励水平提高所致。因此，假设 3 – 3 没有得到证实，即委托人通过提高奖励水平有助于阻止共谋并提高监督机制的效率。

三、双监督人信息对称下的行为理性分析

　　博弈模型体现了监督机制设计中的一个核心假设，即监督人为理性的经济人。基于此，在完全信息之下，S_1 可以通过逆向归纳推知，一旦自己接受

贿赂，CEO 为了获得信息租金，一定会给 S_2 足够的贿赂额（大于委托人提供的奖励）以诱使其共谋，理性的 S_2 也一定会接受贿赂，因此对于任意大于零的贿赂 S_1 都会接受。使用实验数据与模型的理论值做配对样本的 McNemar 非参检验（180 个决策样本），P 值等于 0.000（如表 3 - 4 所示），实验数据与理论值之间差异显著，完全信息博弈中 S_1 总是会接受贿赂的结论没有得到证实，假设 3 - 4a 被拒绝。之所以会出现实验数据与模型理论值的显著差异，我们认为可能与多个因素有关：一是监督人的效用函数中存在非金钱的因素。实验中，S_2 诚实报告所能获得的奖励是不断提高的，S_1 面临的贿赂水平则相对较低，强烈的不公平感使其选择拒绝贿赂，即便接受贿赂对其更为有利，这与经典的最后通牒博弈实验中被试们常常拒绝正的出价惊人的相似。二是出于对共谋不能成功的担心。由于实验中我们对 CEO 屏蔽了具体的奖励数额信息（意味着更强的约束力），导致 S_1 对 CEO 能否在实验中给出足够的贿赂数额以诱使 S_2 与之共谋产生怀疑（CEO 需要不断试错来感知实际的奖励水平）。理论上而言，奖励水平越高，CEO 给出足够贿赂（大于奖励）的难度就会越大。为规避共谋失败的风险，S_1 更多地选择了拒绝贿赂。实验中随着奖励水平的提高，S_1 拒绝贿赂的次数大幅度增加也为此提供了直接的证据（如表 3 - 4 所示）。此外，S_1 在角色认同之下的恪尽职守也是拒绝贿赂的可能原因，当然，这需要对在实验结束后对被试就每一次决策做确认，实现难度较大。

表 3 - 4　　　　　　　　监督人策略的 McNemar 非参数检验结果

信息状态	监督人策略	样本量	*Asymp. Sig*(2 - tailed)	*Exact. Sig*(2 - tailed)
完全信息	S_1 的策略	180	0.00	
	S_2 的策略	39		0.25

注：显著性水平为 0.05。

作为理性的经济人，完全信息下后发行动的 S_2，其行为策略应当是比较奖励和贿赂数额的大小并选择其中的较大者（贿赂数额大就接受贿赂，奖励数额大就拒绝贿赂）。剔除奖励与贿赂数额相等的 13 个样本（出现在中奖励水平时）之后的配对样本 McNemar 非参检验，P 值等于 0. 25，实验数据与理论值无显著差异，假设 3 - 4b 没被拒绝（如表 3 - 4 所示）。在所剔除的 13 个样本中，有 8 个选择的是拒绝，5 个选择的是接受。在奖励与贿赂数额相等的情况下，拒绝贿赂可能体现了被试对监督人角色的高度认同，他们更看重忠于职守；接受贿赂则有可能是被试在实验中所体现出来的社会偏好（social preference）使然，这一点在实验结束后对被试的询问中得到了证实：在奖励与贿赂数额相等的 13 个样本中，4 人 7 次拒绝了贿赂的被试们宣称他们更看重作为监督人忠实地履行监督职责；2 人 4 次接受了贿赂的被试则强调希望 CEO 和 S_1 都能因为自己的共谋行为而实现收益；另外有 1 名被试则接受和拒绝各 1 次，明显具有随机选择的意味。通过上述分析可以看出，监督人并非总是以利益最大化作为决策指南的经济人，假设 3 - 4 被拒绝。或许，也正是由于这种复杂的"人性"，监督机制的效果才得以有一定程度的保障。

四、影响信息对称下双监督人机制共谋防范的因素分析

委托人设计双监督人监督机制的初衷是阻止监督人与 CEO 之间的可能共谋，那么机制设计的核心就在于激励监督人（尤其是 S_1）拒绝贿赂并如实报告 CEO 的业绩。从效果上看，由 S_1 还是 S_2 拒绝贿赂从而阻止共谋并无差异，但是，如果共谋的阻止是由 S_2 来完成的，委托人则需要给拒绝贿赂的 S_2 一笔不菲的奖励，导致后者在效率上远不如前者高（因为委托人的租金损失过大，阻止共谋成本过高）。那么监督人是接受贿赂还是拒绝贿赂受哪些因素的影响，是制度因素、他人行为抑或自身的某些特质，并且各因素影响程度如何，我们建立 Probit 模型进行分析。

（一）变量定义与描述性统计

1. 因变量

博弈中，监督人的策略选择有二：要么拒绝 CEO 的贿赂，如实报告其业绩；要么接受 CEO 的贿赂，虚假报告其业绩。具体选择哪个策略则受到

多个因素的影响，我们以监督人的策略 S_i（i = 1，2）作为因变量（S_1 为 S_1 的策略，S_2 为 S_2 的策略），接受贿赂时取值为 0，拒绝贿赂时取值为 1。

2. 解释变量

信息影响博弈当事人的行为，鉴于本章实验中两个监督人的信息是对称的，我们根据其是否知道自己的编号（即出场顺序）将信息状态（*Infotype*）进一步细分为两种情况：不完全信息（不知道自己的编号）时取值为 0，完全信息（知道自己的编号）时取值为 1；监督人（尤其是 S_2）是否恪尽职守在很大程度上取决于委托人对其激励的力度，具体的奖励水平（*Reward*）外生设定为低、中、高三个档次，取值分别为 500G\$、1000G\$、1500G\$ 的离散变量；接受贿赂，对于监督人来说是有风险的，故我们考察风险态度（*RiskAttitude*）对于其策略选择的影响，被试风险中性时取值为 0，风险偏好时取值为 1（这样设计是因为实验开始前进行的风险测度没有发现风险规避型被试）；理性的监督人会寻求自身利益的最大化，因此 CEO 能否成功诱使监督人与其共谋，很大程度上取决于其提供的贿赂数额（*Bribe*），具体为区间［0，3000］上的连续变量；此外，我们还在回归模型中加入性别（*Gender*）变量，女性取值为 0，男性取值为 1。因变量与解释变量的描述性统计分别如表 3-5 和表 3-6 所示。

表 3-5　　　　　　　　　　　变量的描述性统计（S_1）

变量	变量含义	样本量	均值	标准差	最小值	最大值
S_1	1 号策略	180	0.3722	0.4847	0	1
Bribe	贿赂数额	180	827.23	224.23	1	1500
Reward	奖励水平	180	1000	409.39	500	1500
Riskattitude	风险态度	180	0.5278	0.5006	0	1
Gender	性别	180	0.5111	0.5013	0	1
Infotype	信息结构	180	0.5	0.5014	0	1

表 3 – 6　　　　　　　　变量的描述性统计（S_2）

变量	变量含义	样本量	均值	标准差	最小值	最大值
S_2	2 号策略	113	0.3451	0.4775	0	1
Bribe	贿赂数额	113	1001.77	233.7514	0	1500
Reward	奖励水平	113	933.63	398.12	500	1500
Riskattitude	风险态度	113	0.4602	0.5006	0	1
Gender	性别	113	0.5398	0.5006	0	1
Infotype	信息结构	113	0.4690	0.5013	0	1

（二）Probit 模型回归结果分析

对监督人策略行为影响因素的 Probit 回归分析结果在表 3 – 7 中列示，列
（1）、（2）和（3）为对 S_1 的分析，列（4）、（5）和（6）为对 S_2 的分析。
其中列（1）和（4）为在回归方程中引入信息状态变量的结果，列（2）和
（5）以及列（3）和（6）则剔除该变量，在完全信息和不完全信息两种情
况下分别进行回归分析。

表 3 – 7　　　　　　　监督人行为影响因素 Probit 回归分析结果

自变量/常数项	S_1			S_2		
	（1）	（2）	（3）	（4）	（5）	（6）
_cons	0.0408 (0.4745)	0.3812 (0.9937)	– 0.0182 (0.6981)	– 0.4212 (0.8737)	7.7734 * (4.3887)	– 0.9564 (1.1399)
Infotype	0.6099 * (0.3206)			1.2781 *** (0.4296)		
Reward	0.0011 *** (0.0003)	0.0021 *** (0.0005)	0.0005 (0.0004)	0.0039 *** (0.0007)	0.0057 *** (0.0016)	0.0033 *** (0.0009)
Bribe	– 0.0020 *** (0.0007)	– 0.0025 * (0.00130)	– 0.0023 ** (0.0010)	– 0.0045 *** (0.0011)	– 0.0130 ** (0.0054)	– 0.0038 *** (0.5117)
Riskattitude	– 0.4164 * (0.2200)	– 1.0377 *** (0.3665)	0.3098 (0.3494)	– 0.4325 (0.3369)	– 0.1335 (0.5542)	– 0.3183 (0.5118)
Gender	0.0420 (0.2073)	– 0.0251 (0.3161)	0.5652 * (0.3361)	0.4397 (0.3899)	0.0325 (0.5582)	0.9004 (0.7601)

自变量/常数项	S_1			S_2		
	（1）	（2）	（3）	（4）	（5）	（6）
Loglikelihood	− 108. 0963	− 47. 1333	− 53. 0715	− 40. 6520	− 17. 3756	− 21. 1098
Pseudo R²	0. 0903	0. 2267	0. 0736	0. 4417	0. 5169	0. 4098
Num of obs	180	90	90	113	53	60

注：* 、** 、*** 分别表示在 0.10、0.05、0.01 的水平上显著。

　　首先来看信息对博弈中当事人策略行为的影响，根据表 3 - 7 的列（1）和列（4），实验中信息状态变量对监督人的策略选择影响显著，即不论监督人出场顺序如何，随着身份信息由模糊转向确定，其拒绝共谋的可能性都会趋于提高，这也再次印证了假设 3 - 2 的成立性。在监督博弈中，监督人是委托人和 CEO 拉拢和争夺的对象，而各自的手段则分别是奖励（部分原因在于实验中我们将委托人设计的惩罚力度外生给定并保持不变）和贿赂，回归分析的结果表明这两个变量对监督人策略行为都有显著影响：提高奖励水平会有效地激励监督人，使其拒绝贿赂的可能增加（仅在不完全信息时奖励对 S_1 策略行为的影响缺乏统计上的显著性）；而增加贿赂则使监督人感受到更多的诱惑，接受贿赂并达成共谋的可能性相应提高，假设 3 - 5 没有被拒绝。表 3 - 7 中的列（1）和（2）显示在身份明确——也就是行动顺序确定的情况下，相对于后发行动无风险的 S_2，尽管先动的 S_1 接受贿赂要面临被揭发乃至处罚的风险，但个人风险态度方面的特质仍会影响其共谋意愿，即监督人的亲风险度增大时会显著提高其共谋的可能性，假设 3 - 6 得到证实。此外，性别变量对两个监督人的策略行为都缺乏显著的影响，当然，S_1身份模糊时除外，这给我们的一个启示是：在选派监督人时，不太需要对性别因素给予太多关注，而应着重考虑其他因素。

小　　结

　　本章中，我们在监督人信息对称设置下对双监督人机制进行了研究，其中对于静态的双监督人囚徒困境机制，我们直接引用国外学者的实验结论，而对于动态的双监督人机制，我们分别考虑完全信息与不完全信息两种情况设计并进行了实验，得到以下一些研究结论：

尽管就理论上而言，双监督人的囚徒困境机制可以成功地阻止共谋，但实验研究的结果却表明，该机制的实际效果在很大程度上取决于具体的实验设置。例如，在单次博弈、有限次重复博弈和无限次重复博弈中，被试的策略行为会出现较大差异，尤其是在单次博弈中，既可能因被试的个人理性战胜集体理性，导致合作行为无法出现而有效地阻止共谋，也可能因同情心的存在促成合作，甚至有报告说过半数的单次博弈中被试会出现合作行为（达成共谋）。显然，囚徒困境机制不是一个理想的双监督人监督机制。

对于动态的双监督人监督机制，逻辑推演的结论是无法阻止共谋行为的发生，我们的实验结果没有证实这一点。在完全信息与不完全信息信息两种状态下，现行机制都不同程度地阻止了监督人与 CEO 之间的共谋，机制的效果尚能令人满意。

值得注意的是，在实验中信息状态对监督人的策略选择有显著影响。我们直观地认为，相对于完全信息状态，不完全信息由于增加了身份的不确定性，对于监督人的策略选择约束力应当更强，从而共谋的比率会适当降低。但是，实验结果却表明，信息不完全所致的身份模糊强化了被试的风险偏好，反倒是身份信息明确时被试表现出更高的角色认同，共谋率显著降低。虽然提高奖励水平有助于提升监督机制的效率，但是在两种信息状态下，高奖励水平时的多数无共谋结果是在委托人付出一半租金作为奖励的代价之后由 S_2 来完成，这在现实中是无法忍受的结果（因为现实中信息租金的规模可能相当之大，给予 S_2 一半的信息租金以激励其诚实报告的代价太高以至于没有委托人能够接受）。从这个意义上说，现行机制尚需进行较大的改进。

此外，一个有趣的发现是，阻止共谋的关键在于监督机制设计本身，而监督人自身的特质对机制的效果和效率的存在一定的影响，但程度相对较小。

第四章

双监督人信息不对称下的
共谋防范实验研究

在第三章信息对称下双监督人监督机制的博弈模型中，逻辑推演的结论是无法阻止共谋行为的发生，但相关实验结果并不支持这一结论。总体来看，监督人信息对称的序贯行动机制下，虽然能在一定程度上阻止共谋，但以租金回收率作为测度指标，现行机制的效率则并不能令人满意。那么，考虑在动态的双监督人监督机制设计当中外生地嵌入信息不对称，即人为地歧视对待两个监督人，能否通过营造利益冲突实现分而治之，从而使共谋无法达成呢？本章将通过实验研究对此加以检验。

第一节　防范共谋的信息不对称机制

一、信息不对称防范共谋的原理

对于共谋行为的当事人来说，其结成联盟的终极激励在于共同的利益，形象点说就是有信息租金的存在。在标准委托—代理关系中，代理人拥有私人信息，委托人需要通过契约设计给予代理人足够的激励以使其显示私人信息，这对委托人而言是有成本的。如果是多代理人的情形，代理人之间可能就会形成利益联盟，此时委托人需要修正激励计划，通过确保更高的收益诱使某个或部分代理人背离利益联盟。此时，利益联盟依然可以通过重新分配共谋收益自我强化而不被瓦解。①

陈志俊和邱敬渊（2003）认为，如果引入歧视机制，不平等对待所有代理人，则会导致被优待的代理人产生更高的保留效用，要求获得更多的共谋收益。虽然联盟内部可以通过重新分配共谋利益而得以维持，但由于受优待的代理人参与成本较高，不愿意放弃更多的共谋收益，被歧视的代理人则因无法获得足够的补偿而退出利益联盟，如此一来，委托人即可以用较小的代价来打破共谋联盟。

同时，通过引入隐性歧视，即委托人对于信息发布的操纵，他们将道德风险模型变成了带有逆向选择的混合模型。由于利益集团必须给予有信息的代理人一定的信息租金以换取他揭示真实信息，所面临的有信息代理人的租金抽取与共谋收益分配的效率之间的两难冲突使得共谋变得无效率。

二、信息不对称机制防范共谋的历史实践

防范共谋的信息不对称机制实质就是分而治之思想的应用，这点在古今中外的历史和组织实践中都有较多的应用。

（一）分而治之的含义

分而治之思想是一种古老的政治智慧，其本意是在斗争中将一个力量较大的对手分解成多个力量较小的单元，每个小的力量都不足以单独与自己对抗，从而各个击破。在实际应用中，分而治之更多的是通过分化以阻止较小力量联合起来。辞典中对分而治之则一般有两种解读：其一是指利用某些手段使国家、民族或宗教等产生分裂，然后对其进行控制和统治；其二则是指分别治理。

---

① 最典型的就是相对业绩评价或锦标赛机制中代理人的集体偷懒。

（二）东西方历史上的分而治之思想与实践

在人类历史上，能够找到诸多应用分而治之这一古老智慧的范例，当然，主要是在统治和控制领域，有成功的，也有失败的。

1. 中国古代的分而治之实践

中国自古从来不乏杰出的政治智慧。战国七雄时代，实力最强的齐国和秦国东西对峙，互相争取盟国，以图战胜对方。其他五国也不甘示弱，与齐、秦两国时而对抗，时而联合。大国间的冲突剧烈，外交活动也很频繁，出现了著名的纵横（合纵与连横）政策主张，其中"合纵"乃合众弱以抗一强，与之相对的"连横"则为事一强以攻众弱，前者是小国联合抗击大国，后者则是大国拉拢小国，以期分化和击败对手，属于典型的分而治之战略。

分而治之思想更多的是应用在帝王们如何强化自己的统治，中国古代的君主们始终在寻求一种有效的手段巩固自己的统治。西汉景帝时推行的削藩（削减诸侯封地和权力）政策导致"诛晁错，清君侧"的七国之乱，而在武帝时颁布的推恩令成为分而治之的范例，主张化整为零，不收回诸侯的权力，但要求将封地分封给子弟，结果藩国越分越小，终究无力对抗中央。源于唐朝后期的朋党之争，更是皇帝控制大臣的有效手段。尤其是在明朝建国伊始，由于消除了外患，以胡惟庸为首的淮西集团和以刘伯温为首的浙东集团分庭抗礼，开始了内斗，朱元璋则默许胡惟庸毒杀刘伯温，之后借口除去胡惟庸，并将李善长一同处置。

当然，分而治之也不乏失败的案例，不仅没能有效地分化力量，反被别人得了天下。例如，元朝时把人分成蒙人、色目人、汉人和南人四种，希望以分治来强化自己的统治基础，结果以失败告终。

2. 西方的分而治之实践

欧洲文明可以上溯至古希腊和古罗马。在古罗马，分而治之思想初步形成于公元前四世纪中叶拉丁同盟战争结束之后。在此之前，罗马在对敌斗争和对外扩张中，曾与战败者结为同盟，或在被征服地区设立殖民地，甚至把公民权授予外人。

欧洲人有信仰宗教的传统，中世纪时，基督教廷面对很多国家甚至强大的公国反对，首先在信仰基督的地区宣传其影响，等到教廷实力壮大之后，再逐步扩张。更绝的是，教廷甚至在瞒着法国国王的情况下，对皇室宗亲进行传教，国王被分化了。整个中世纪，欧洲都沐浴在教廷的分而治之之下。

资产阶级革命时代，为了登上政治舞台，新兴资产阶级在面对自耕农和贵族阶级的双重压力时，通过联络自耕农，承诺满足其土地需求而实现了分而治之。在革命胜利后，则以开拓市场为借口，对自耕农进行剥夺，积极开展殖民活动。

第二次世界大战之后，美国想夺得世界霸权，可是却力不从心，便开始推行分而治之战略，不停地在其利益的重点处制造事端。如果该地区有民族矛盾的事情发生则更理想，那么美国就可以挑起民族纷争，然后借机插手。为了防止其他大国的插手，美国尽量与大国保持密切联系，借合作反恐的名义，分而治之加上实力后盾，几乎没有对手。

（三）组织中的歧视机制

将分而治之的思想引入组织的管理实践中就是组织歧视，具体做法是区别对待组织中条件（能力、业绩或者其他特质）相当的成员，或者是平等对待条件有差异的成员（如对能力较差的员工给予适当照顾）。

1. 组织歧视的形式

组织歧视现象广泛存在于各种类型的组织当中，有趣的是，歧视更多是发生在组织的人力资源管理活动当中并且其表现形式也是多样的。

（1）从歧视的公开性来看，可以分为显性歧视和隐性歧视。其中，显性歧视就是在组织成员中，谁受优待、谁被歧视是一个共同知识；隐性歧视中这一信息只为受优待者所知，即一私人信息。

（2）从歧视所涉及的内容看，则与更多主题相联系，例如可以是涉及个体特质的年龄歧视、性别歧视、民（种）族歧视，也可以是地域（国籍）歧视等，如女性大学生在就业时门槛明显比男性高，表现为就业形势、工资待遇、绩效标准或者晋升机会等一系列方面的差异。

（3）从歧视发生的环节看，可能是就业歧视（如求职者在应聘时因性别、年龄、户籍、相貌或者健康等一系列原因被拒）、绩效标准歧视（能力相当标准不同或者能力不同标准相当)、薪酬歧视(如外企中一起工作且能力相当的外籍员工比中国员工的薪酬要高出数倍)、晋升歧视等。

2. 组织歧视存在的原因

仅从表象上看,组织中的歧视做法明显有悖于公正原则,并且受到广泛质疑,因而其存在的合理性令经济学家困惑。当然,不公正和不合理并不影响歧视现象的大量存在。究其原因,我们认为这可能与组织的文化、传统有关,也可能与管理者的认知有关。当然,歧视现象之所以能在组织中大量存在,一个超越公平考量的、更合理的解释则是其可以有效地防范共谋。

在组织中,当成员的业绩并非总是可以精确测定时,以相对业绩(业绩排序)而非绝对业绩作为激励的依据不失为一种好的选择。然而,科层组织中普遍采用的相对业绩评价(或锦标赛机制),可能会受到道德风险问题(如组织成员集体偷懒)的困扰。霍姆斯特罗姆和米尔格罗姆(1990)认为,在采用相对业绩评价时,如果代理人之间的业绩正相关,那么最优的激励契约将会导致代理人之间的收益负相关,一旦代理人之间就业绩或努力达成支契约,共谋行为在改善自身福利的同时将损害委托人的利益。

此时,机制设计者(委托人)引入歧视做法,通过"分而治之"瓦解代理人之间的联盟,将会有效地解决共谋问题,石黑一雄(2001)首次将组织歧视引入共谋防范的讨论当中。董志强(2009)认为很多组织都会对能力较差的员工给予适当照顾,不仅仅是出于公平的考虑,很可能也是对员工消极共谋的一种反应。他发现,给定弱者的存在及其生产能力,委托人要获得最大的利益就必须在强者的能力和弱者的能力差距之间进行平衡,将能力差距控制在一定的范围内。委托人既可以通过倾斜性资源配置弥补强弱之间的能力差距,也可以通过策略性地操纵代理人努力的风险(或"运气")在规则上扶持弱者,来刺激异质能力的代理人的竞争努力。

第二节 外生的信息不对称与双监督人共谋防范机制

本节中我们采用组织歧视原理,将信息不对称外生地嵌入双监督人监督机制中，考察两个监督人在持有的信息不同时，是否会发生利益分化从而无法达成共谋（以一定的概率随机告诉 S_2 其身份），以及在上述条件下以一定概率随机派出 S_2 是否会影响机制的共谋防范效果和效率。

采用与第三章相同的背景，假设存在一个委托人 - 监督人 - 代理人（$P - S - A$）的三层委托—代理结构，P 拥有生产经营所需要的资本与技术，但是缺乏必要的能力与精力，因此雇用 A 为其工作。A 的业绩有低类型 $\underline{\theta}$ 和高类型 $\bar{\theta}$ 两种（也可以理解成低效率和高效率导致从事经营的成本不同，当然具体取决于其能力还是努力此处不做考虑）且为其私人信息。由于逆向选择问题，P 无法在事前知道 A 的业绩类型；同时，由于道德风险问题，P 也无法在事中和事后直接观察 A 的业绩类型，因而只能通过 A 的报告获知。当 A 的业绩为高类型 $\bar{\theta}$ 时，如果 A 向 P 隐匿自己的真实业绩，把自己的业绩说成是低类型 $\underline{\theta}$，即可以占有信息租金 $\pi(=\bar{\theta}-\underline{\theta})$，从而使 P 蒙受损失。P 为了获取 A 的真实业绩信息，以工资 w 雇佣并序贯派出监督人 S_1 和 S_2 对 A 的业绩进行审查并报告，一旦由 S_1 和/或 S_2 证实 A 徇私舞弊，P 即可收回信息租金 π。我们假定两个监督人是同质的（即不区分内部监督人和外部监督人）。

此处，我们考虑以概率 $\lambda(0<\lambda<1)$ 随机派出 S_2 而并非总是派出，并且在派出 S_2 时以概率 $\tau(0<\tau<1)$ 告知其身份信息（即编号），这样，我们就在两个监督人中间引入了隐性歧视——身份信息歧视。此时，第三章中的序贯行动的双监督人监督机制能否有效地阻止共谋呢？我们分别考虑分离均衡与混同均衡两种情况：

（1）首先考虑共谋的分离均衡，CEO 要使共谋的分离均衡得以成立，即成功诱使两个监督人都接受贿赂从而达成共谋，所提供的贿赂必须分别满足两个监督人的参与约束，即 $B_1 \geqslant 0$ 和 $B_2 \geqslant R$；同时，也要满足自己的激励相容约束，这需要根据 B_1 和 R 的关系考虑两种情况。

第一种情况，若 $B_1 < R$，则 CEO 没有动力扭曲监督人的身份信息，告诉 S_1 是 2 号，那么 $\pi - B_1 - \lambda B_2 \geqslant \pi - B_2 - \lambda B_2$，即 $B_2 \geqslant B_1$；或者告诉 S_2 是 1 号，那么 $\pi - B_1 - B_2 \geqslant \pi - B_1 - (1-\tau)B_1 - \tau\pi$，即 $B_2 \leqslant (1-\tau)B_1 + \tau\pi$。根

据前面的分析，由于 $B_2 \geqslant R$，故 $R \leqslant (1 - \tau)B_1 + \tau\pi$，变形为 $(R - \tau\pi)/(1 - \tau) \leqslant B_1$，加之 $\lambda R \leqslant \lambda B_2$，则 $[\lambda R + (R - \tau\pi)/(1 - \tau)] \leqslant B_1 + \lambda B_2$，一旦条件 $[\lambda R + (R - \tau\pi)/(1 - \tau)] > \pi$ 成立，即 $B_1 + \lambda B_2 > \pi$，CEO 即便成功诱使两个监督人共谋，其期望收益也将为负值，此时 CEO 将得不偿失，故 (B_1, B_2) 不是其最优策略选择。如果从委托人的角度看，该条件可以转化为 $R > \pi/(1 + \lambda - \lambda\tau)$，即只要委托人设计的奖励 R 值满足该不等式，就可以阻止共谋的分离均衡。

第二种情况，若 $B_1 \geqslant R$，则即便委托人告知 S_2 编号信息，其仍会接受 CEO 的贿赂，此时 CEO 的激励相容约束就归纳为 $B_1 \geqslant B_2$ 和 $B_2 \geqslant B_1$。这样一来，即存在 $B_1 = B_2$ 和 $B_1 + B_2 \geqslant 2R$。那么，只要委托人设计的奖励值 $R > \pi/2$，策略 (B_1, B_2) 就超出了 CEO 的预算约束，显然不可行。

（2）接下来，再考虑共谋的混同均衡，此时 CEO 有两个备择的策略空间：一是给两个监督人的贿赂都为 R，即 $B_1 = B_2 = R$，由于 S_2 是随机派出的，则如果 $R(1 + \lambda) > \pi$ 或者 $R > \pi/(1 + \lambda)$，即超出了 CEO 预算约束，向监督人行贿以求共谋就毫无意义。另一个策略就是给两个监督人的贿赂都小于 R，即 $B_1 = B_2 < R$，贿赂 B 必须不小于监督人所要求的最低值，也就是说 $B \geqslant B^{\min}$，否则没有监督人愿意共谋。参照考夫曼和拉瓦瑞（1996）对于 $B^{\min}$ 的计算方法，当委托人设计奖励值 $R \geqslant [\pi - (\pi + F)\lambda\tau]/[\lambda(1 - \tau)]$ 时，提供满足条件 $B \geqslant B^{\min}$ 的贿赂对于 CEO 来说就是无利可图的。

基于以上分析，对于委托人而言，阻止共谋的机制设计应当满足的临界条件即可表达为：

当 $R > \pi/(1 + \lambda - \lambda\tau)$ 时，可以阻止共谋的分离均衡

当 $R > \max\left\{\dfrac{\pi}{1 + \lambda}, \dfrac{\pi - (\pi + F)\lambda\tau}{\lambda(1 - \tau)}\right\}$ 时，可以阻止共谋的混同均衡

通过引入一个参数 $\tau \in (0, 1)$，同时提高惩罚 F，委托人便能够有效而且低成本地阻止监督人与 CEO 的共谋行为。此外，如果 $\tau = 0$ 或者 $\tau = 1$ 时，无论惩罚 F 的数额多大，都无法阻止共谋均衡的出现。

第三节 信息不对称下双监督人机制的实验设计与研究假设

一、信息不对称下双监督人机制的实验设计

（一）实验设计

本章所讨论的信息不对称歧视机制是对第三章动态双监督人共谋防范机制的改进，所不同的是，前面的研究是基于对称信息展开的，理论模型逻辑推演的结论是不能阻止监督人与 CEO 达成共谋，然而这一结论并未得到实验结果的支持。当在两个监督人之间引入不对称信息并随机派出 S_2 时，博弈模型出现了无共谋均衡，接下来我们就这一理论结果进行实验检验。

在两个监督人之间引入不对称信息，实际上是组织歧视机制的一种表现形式。我们在实验设计中进一步将其细分为简单歧视（序贯机制下固定派出两个监督人并随机告知 S_2 的身份）和复杂歧视（以一定的概率随机派出 S_2 并随机告知其身份）两种情况分别进行研究。

与第三章一样，我们在实验中将公司业绩设定为始终激励 CEO 寻求监督人与之共谋以便抽取信息租金的高类型 $\bar{\theta}$，同时把奖励水平设计为外生给定，分别为低、中、高三档，每种奖励水平下各进行 10 期实验。同时，S_1 与 CEO 共谋被 S_2 揭发时受到的惩罚 F 也为外生给定且保持不变。实验中，被试的决策程序如下：

（1）CEO 给 S_1 一笔贿赂（B_1），S_1 选择拒绝或者接受，如果他拒绝贿赂，则 S_2 不需要出场，此时实验结束；

（2）如果 S_1 接受贿赂，简单歧视下 S_2 出场，复杂歧视下 S_2 以概率 $\gamma(0 < \gamma < 1)$ 随机出场，如果没有 S_2 出场则实验结束；

（3）如果 S_2 出场，计算机以概率 $\alpha(0 < \alpha < 1)$ 告知其编号信息；

（4）CEO 给出场的 S_2 一个贿赂（B_2），他选择拒绝或者接受，奖惩机制生效，信息租金归属确定。

当然，对于监督人和 CEO 而言，共谋是有风险的，一旦失败即面临惩罚，为了更好地研究被试的自身特质对其在监督活动中策略行为的影响，除了为被试讲解实验说明、测试被试对实验的理解程度之外，我们还对被试的风险态度进行了测量，参与实验的被试，其风险态度涉及风险规避、风险中性和风险偏好三种类型。

（二）实验结构

不对称信息下的动态双监督人监督机制实质是将组织歧视嵌套在双监督人监督机制中，分别有简单歧视和复杂歧视两种设置，每种设置的实验各有 9 名被试参加（无交叉），随机分成 3 组，每组 3 人，分别担任 CEO 和 S_1、S_2，各时段内监督人的分组随机变换。实验结构如表 4 - 1 所示。

表 4 - 1　　　　　　　不对称信息下双监督人机制的实验结构

实验编号	实验结构	实验设置	情境特征
实验 I	3 人 × 3 组 × 10 期	简单歧视	随机告知 S_2 编号
实验 II		复杂歧视	随机派出 S_2 并随机告知其编号

本章的实验与第三章的实验在结构上基本相同，被试所担任的角色与相应的决策内容以及实验步骤没有变化，只是在监督人被试信息结构的设置上做了改变。在第三章的对称信息双监督人监督机制实验中，两个监督人对于自己的编号所持有的信息是一样的，即要么都知道要么都不知道。而歧视机制的引入，改变了监督人之间的信息结构，S_1 始终不知道自己的编号，甚至也不知道有没有 S_2 的存在，而 S_2 则以一定的概率被派出，并且在出场执行监督任务时以一定的概率知道自己的编号。

二、信息不对称下双监督人机制的研究假设

我们嵌套在动态双监督人监督机制中的组织歧视，是以一定的概率随机

告知 S_2 其编号信息，无论是固定派出 S_2 还是随机派出 S_2 时皆是如此。之所以考虑这种设计，是因为根据博弈模型的逻辑推演，在双监督人中间引入不对称信息能够引发二者之间出现利益分化，知情的 S_2 会产生更高的保留效用，要求更高的贿赂数额，以至于 CEO 的预算约束无法满足，从而共谋无法达成。基于此种分析，我们提出假设 4 - 1。

假设 4 - 1：随机告诉 S_2 其身份信息有助于分化监督人，从而完全阻止共谋。

始终派遣两名监督人开展监督活动，即便能取得良好的效果，但从社会的角度讲对监督人资源需求量太大并且成本很高，故此种监督机制在经济性上不够理想。随机派出 S_2 并随机告知其编号信息能够阻止共谋，那么此种监督机制设计在效果与效率上不会弱于固定派出两名监督人的情形，故提出假设 4 - 2。

假设 4 - 2：随机派出 S_2 并随机告知其身份信息不会降低监督机制的效果与效率。

根据理论模型逻辑推演的结论，意在对两个监督人分而治之的歧视机制能够阻止共谋行为的发生，故提出假设 4 - 3。

假设 4 - 3：歧视机制下双监督人监督机制阻止共谋行为的效果与效率要好于对称信息时。

第四节　双监督人信息不对称下的实验结果分析

一、实验结果的描述性统计

本章将信息不对称外生地嵌入动态双监督人监督机制中，实验在简单歧视与复杂歧视两种情境下的三种奖励水平上分别进行，每个设置下 3 组被试同时进行 10 个时段的实验，共产生 180 个 1 号监督人的决策数据，93 个 2 号监督人的决策数据。

（一）监督机制的效果

表4-2列出了动态双监督人监督机制在简单歧视与复杂歧视两种情境下的实验结果，具体对应于各奖励水平并分组分时段列示。就引入了歧视机制的双监督人监督机制的效果来看，无论是简单歧视还是复杂歧视，在低奖励水平时监督人倾向于接受 CEO 的贿赂从而共谋达成率较高，而在高奖励水平时共谋意愿有所下降，直接表现就是共谋达成率伴随着奖励水平的提高而趋于下降，这与对称信息下的实验结果相似，只是程度上有较大的差别。当然，相比简单歧视而言，复杂歧视下随机派出 S_2 并没有使监督机制防范共谋的效果受到影响，反而有所改善，但是理论模型关于不对称信息下双监督人监督机制可以阻止共谋的结论没有得到证实，也就是说组织歧视机制的嵌入并不能完全阻止共谋的达成，假设4-1没有得到证实。

表4-2   **信息结构、奖励水平与共谋率**

时段	简单歧视									复杂歧视								
	低奖励			中奖励			高奖励			低奖励			中奖励			高奖励		
	1	2	3	1	2	3	1	2	3	1	2	3	1	2	3	1	2	3
1	S_1	S_1	S_1	S_1	S_1	—	—	S_1	—	*	S_2	S_1	*	S_2	S_1	*	*	S_1
2	—	—	S_1	—	—	S_1	—	—	S_2	S_2	S_1	S_2	S_2	—	S_1	S_2	S_1	S_2
3	S_1	—	—	S_1	S_2	S_1	S_1	S_2	S_2	S_1	S_1	—	S_1	S_1	*	*	S_1	S_1
4	—	—	.	S_1	—	—	—	S_1	—	S_2	—	—	S_2	S_1	—	S_1	—	S_2
5	—	—	S_1	—	—	S_1	S_1	—	S_2	*	—	*	*	S_1	S_2	*	S_1	*
6	—	—	S_1	—	S_1	—	—	—	—	*	*	S_1	*	S_1	S_1	S_1	S_1	*
7	—	—	S_1	S_1	—	—	—	S_1	—	*	S_1	S_1	—	S_1	*	S_1	S_1	*
8	—	—	—	—	—	—	S_2	—	S_2	*	S_1	—	*	S_1	—	S_1	*	*
9	—	—	—	S_2	—	—	—	—	—	—	S_1	*	S_1	S_1	*	S_2	—	—

续表

时段	简单歧视									复杂歧视								
	低奖励			中奖励			高奖励			低奖励			中奖励			高奖励		
	1	2	3	1	2	3	1	2	3	1	2	3	1	2	3	1	2	3
10	—	S_1	S_1	—	—	—	S_1	—	S_2	—	—	*	—	—	*	S_1	—	S_2
共谋率%	66.67			63.33			53.33			56.67(33.3)			50 (33.3)			43.33 (30)		

注：—表示 S_1 和 S_2 都接受贿赂而达成共谋；＊表示 S_1 接受贿赂且没有派出 S_2 从而共谋得以达成；S_1 和 S_2 为 S_1 或 S_2 拒绝共谋；共谋率＝各奖励水平下的共谋次数/30，括号中的数字为 S_1 接受贿赂且没有派出 S_2 从而得以达成的共谋率。

具体来看，在简单歧视实验中的各奖励水平上由 S_1 阻止共谋的次数（比例）分别为 10 次（33.3%）、9 次（30%）和 7 次（23.3%），由 S_2 阻止共谋的次数分别为 0 次（0）、2 次（6.7%）和 7 次（23.3%）；而复杂歧视实验中的各奖励水平上，阻止共谋的次数则分别为 S_1 9 次（30%）、11 次（36.6%）和 12 次（40%），S_2 4 次（13.3%）、4 次（13.3%）和 5 次（16.6%）。这一结果与第三章对称信息下的实验研究基本相似，即在共谋达成率与奖励水平之间存在负向的关联。值得注意的是，在复杂歧视实验中，三种奖励水平之上所达成的共谋行为中，分别有高达58.8%、66.7%和76.9%的比例是在没有派出 S_2 时因为 S_1 接受贿赂而达成的。

在简单歧视与复杂歧视两种实验设置下，随着奖励水平的提高，S_1 与 S_2 接受与拒绝贿赂的均值也都显著增加，这与第三章对称信息之下的实验结果基本相似，表明委托人提高奖励水平会提高监督人的保留效用，从而使得 CEO 被迫增加寻求监督人与之共谋所需要支付的贿赂数额，导致共谋的成本抬高，实现难度加大（详见图 4-1 和图 4-2）。具体来看，相比简单歧视机制，CEO 在复杂歧视下提供给 S_1 的贿赂数额明显提高（接受与拒绝贿赂的均值在提高），而提供给 S_2 的贿赂数额则有所下降。这一实验结果表明，CEO 对两种情境下，对决定共谋能否达成的关键人物认知有所不同。在简单歧视下，始终是两个监督人序贯出场，此时 S_2 的策略行为决定了共谋能否最终达成；而在复杂歧视下，S_2 并非总是出场，此时

俘获 S_1 是决定共谋达成的关键。尽管在实验中，对所有被试（包括两个监督人和 CEO）屏蔽了复杂歧视下是随机派出 S_2 这一设置，但 CEO 被试依然通过实验中的"学习"感知到这一点，因而在对两个监督人的贿赂策略上出现了动态变化。

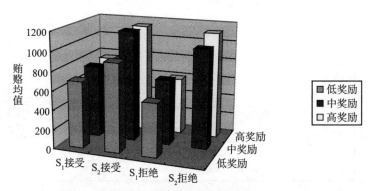

图 4-1　监督人接受与拒绝贿赂的均值（简单歧视）

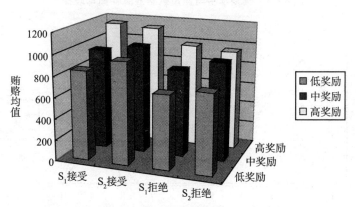

图 4-2　监督人接受与拒绝贿赂的均值（复杂歧视）

（二）监督机制的效率

委托人将不对称信息嵌入动态的双监督人监督机制中，目的在于引发两个监督人之间的利益分化，使得监督人与 CEO 无法达成共谋，从而收回属于自己的信息租金。但是，由于需要支付高额奖励给恪尽职守的 S_2（在我们的实验设计中，委托人无须对拒绝共谋的 S_1 给予奖励），对委托人来说阻止共谋并非没有成本，并且往往代价高昂。因此，考察监督机制的实际运行，一方面要看其阻止共谋的效果，另一方面更要看其效率如何。同第三章一样，以租金回收率作为监督机制效率的测度指标，简单歧视与复杂歧视两种情境下监督机制各时段的效率如图 4 - 3 和图 4 - 4 所示。

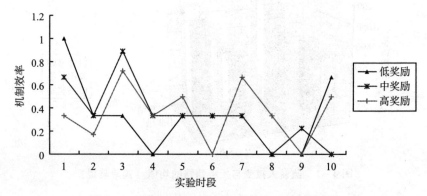

图 4 - 3　奖励水平与监督机制效率（简单歧视）

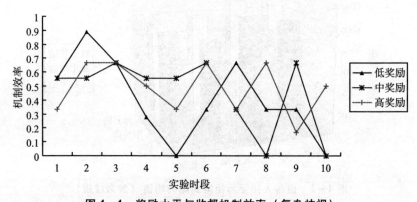

图 4 - 4　奖励水平与监督机制效率（复杂歧视）

同样地，我们定义租金回收率 = 各时段收回的租金值/实际租金值，其中各时段实际收回的租金值为时段租金值减去付给监督人的奖励之后的余额，是三个实验组的加总。

在简单歧视与复杂歧视两种情境下，各奖励水平上的租金回收率在 10

个实验时段中与第三章对称信息时一样仍然表现出一定的波动性，虽然高低排序关系不明显，但总体上都随着实验的进展趋于下降。总体来看，实验结果同样不支持考夫曼和拉瓦瑞（1993）所谓委托人提高奖励水平会招致代理人增加贿赂数额，进而迫使委托人追加奖励，导致监督机制防范共谋的成本抬高，效率降低的推测。当然，尽管实验中的歧视机制没有如逻辑模型所推测的那样能够完全阻止共谋，但一个有意义的发现则是，复杂歧视下随机派出 S_2 并没有降低监督机制的效率，各种奖励水平上的租金回收率普遍高于简单歧视时的情况，这一结果为改进现行共谋防范机制提供了现实依据。

二、影响信息不对称下双监督人共谋防范的因素分析

委托人将组织歧视嵌入动态双监督人监督机制中，目的在于提高知情的 S_2 的保留效用，使监督人之间出现利益分化以阻止其与 CEO 达成共谋。特别是，在歧视机制下随机派出 S_2 如果能够阻止共谋，将极大地节约整个社会的监督人资源，降低监督机制的运作成本。当然，这其中的关键，还在于监督机制设计能否激励 S_1 恪尽职守，忠实履行“看门狗”的职责。那么歧视机制下，监督人是接受贿赂还是拒绝贿赂受哪些因素的影响，是制度因素、他人行为抑或自身的某些特质，并且各因素影响程度如何，我们建立 Probit 模型进行分析。

（一）变量定义与描述性统计

1. 因变量

与对称信息时一样，歧视机制下监督人的策略选择有二：要么拒绝 CEO 的贿赂，如实报告其业绩；要么接受 CEO 的贿赂，虚假报告其业绩。具体选择哪个策略则受到多个因素的影响，我们以监督人的策略 $S_i (i = 1, 2)$ 作为因变量（S_1 为 S_1 的策略，S_2 为 S_2 的策略），接受贿赂时取值为 0，拒绝贿赂时取值为 1。

2. 解释变量

信息影响博弈当事人的行为，鉴于本章实验中引入了歧视机制，即两个

监督人的信息是不对称的，我们根据其是否知道自己的编号（即出场顺序）将信息状态（*Infotype*）进一步细分为两种情况，没被告知编号时取值为 0，被告知编号时取值为 1；监督人（尤其是 S_2）是否恪尽职守在很大程度上取决于委托人对其激励的力度，具体的奖励水平（*Reward*）外生设定为低、中、高三个档次，取值分别为 500G\$、1000G\$、1500G\$ 的离散变量；接受贿赂，对于监督人（特别是始终不知道自己编号的 S_1）来说是有风险的，故我们考察风险态度（*RiskAttitude*）对于其策略选择的影响，被试风险规避时取值为 0，风险中性时取值为 1，风险偏好时取值为 2；理性的监督人会寻求自身利益的最大化，因此 CEO 能否成功诱使监督人与其共谋，很大程度上取决于其提供的贿赂数额（*Bribe*），具体为区间 [0，3000] 上的连续变量；此外，我们还在回归模型中加入性别（*Gender*）变量，女性取值为 0，男性取值为 1。因变量与解释变量的描述性统计分别如表 4 - 3 和表 4 - 4 所示。

表 4 - 3　　　　　　　　变量的描述性统计（S_1）

变量	变量含义	样本量	均值	标准差	最小值	最大值
S_1	1 号策略	180	0.3222	0.4686	0	1
Bribe	贿赂数额	180	816.617	195.27	400	1400
Reward	奖励水平	180	1000	409.39	500	1500
Riskattitude	风险态度	180	0.9667	0.5780	0	2
Gender	性别	180	0.5111	0.5013	0	1

表 4 - 4　　　　　　　　变量的描述性统计（S_2）

变量	变量含义	样本量	均值	标准差	最小值	最大值
S_2	2 号策略	93	0.2366	0.4273	0	1
Bribe	贿赂数额	93	1085.59	261.08	500	1600
Reward	奖励水平	93	967.74	402.48	500	1500
Riskattitude	风险态度	93	0.9667	0.5780	0	2
Gender	性别	93	0.5591	0.4992	0	1
Infotype	信息结构	93	0.5269	0.5020	0	1

（二）Probit 回归分析结果

在歧视机制实验中，S_1 始终不知道自己的编号，因此我们在对其策略行为进行 Probit 回归分析时将信息状态变量予以剔除。

在我们的双监督人监督实验中，监督人作为经济人，也是追求自身利益最大化的，因此 CEO 诱使监督人与之共谋的唯一手段就是提供足够的贿赂。根据表 4 - 5 所示，在歧视机制下，贿赂数额变量对两个监督人的策略行为影响显著，表明随着贿赂数额的增加，S_1 和 S_2 与 CEO 共谋的可能性都随之提高。相比之下，委托人提供的奖励数额以及监督人自身的风险态度，虽然对 S_1 和 S_2 策略行为分别有方向相反的影响，但这种影响缺乏统计意义上的显著性。

表 4 - 5　　　　　　　监督人行为影响因素 Probit 回归分析结果

自变量/常数项	S_1			S_2		
	Coef.	Std.	z - Stat	Coef.	Std. Err.	z
_cons	1.6579 ***	0.5534	3.00	0.8322	0.7880	1.06
Infotype				0.2513	0.3061	0.82
Reward	0.0004	0.0003	1.57	- 0.0000	0.0004	- 0.10
Bribe	- 0.0026 ***	0.0006	- 4.13	- 0.0015 **	0.0008	- 1.99
Riskattitude	- 0.2141	0.1900	- 1.13	0.0360	0.3390	0.11
Gender	- 0.4997 **	0.2087	- 2.39	- 0.1988	0.3014	- 0.66
Log likelihood	- 101.3775			- 47.1651		
Pseudo R^2	0.1039			0.0730		
Num of obs	180			93		

注：***、**、* 分别表示在 1%、5% 和 10% 的统计水平上显著。

当然，我们最关心的还是歧视机制的实际效果，即随机告知 S_2 的编号信息，对其策略行为的可能影响。回归分析的结果显示，这种随机告知编号

的做法会提高 S_2 拒绝贿赂也就是拒绝与 CEO 共谋的可能性，遗憾的是这种影响也缺乏统计意义上的显著性，假设 4 - 2 没有得到证实。

此外，回归分析结果带给我们一个有趣的发现，那就是男性和女性在充当监督人时，如果身份信息模糊，行为取向明显不同，女性监督人比男性监督人更坚持原则，而男性监督人比女性监督人更倾向与 CEO 共谋。当然，这只是针对 S_1 而言，性别变量对于 S_2 的策略行为则没有显著影响，第三章中的回归分析结果也支持这一推断。

小　结

本章与第三章主要是对动态的双监督人共谋防范机制进行实验研究。在实验中，我们按照逻辑推演的思路，根据监督人之间的信息结构刻画了 4 种制度情境，即对称信息下的完全信息（两个监督人出场且都知道自己的编号）和不完全信息（两个监督人出场但都不知道自己的编号）；不对称信息（即歧视机制）下的简单歧视（两个监督人出场，S_1 不知道自己的编号，S_2 以一定的概率知道）和复杂歧视（S_1 固定出场且不知道自己的编号，S_2 随机出场并以一定的概率知道自己的编号）。我们的目的主要在于检验博弈模型逻辑推演的结论是否能得到实验结果的支持，观察实验监督活动中当事人的行为理性，探寻影响当事人尤其是监督人策略行为的因素，同时，比较双监督人监督机制下的 4 种子设置在防范共谋上的效果与效率，为进一步改进监督机制设计提供线索和依据。

就双监督人监督机制防范共谋的效果来看，实验之前我们对 4 种子设置预期的排序是：复杂歧视 > 简单歧视 > 不完全信息 > 完全信息，而实验的结果仅在低奖励水平上与预期吻合，在中、高度奖励水平上则与预期完全相反，即：完全信息 > 不完全信息 > 简单歧视 > 复杂歧视，逻辑推演的结论基本上没有得到实验结果的支持（如图 4 - 5 所示）。

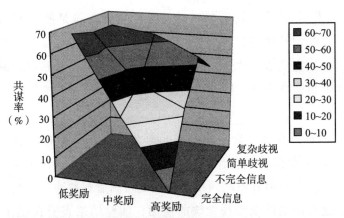

图 4 - 5 信息结构、奖励水平与双监督人机制效果

无独有偶，如图 4 - 6 所示，以租金回收率作为测度监督机制效率的指标，双监督人监督机制在效率表现上也出现了类似的结果，即 4 种子设置的效率排序在低奖励水平上为复杂歧视 > 不完全信息 > 简单歧视 > 完全信息，而在中、高度奖励水平上则与前面效果排序的情况相一致，假设 4 - 3 没有得到证实。

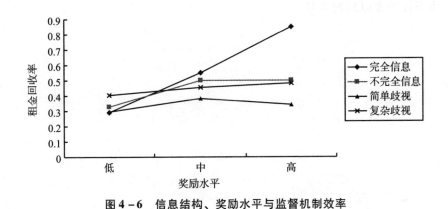

图 4 - 6 信息结构、奖励水平与监督机制效率

总体来看，双监督人监督机制在防范监督活动当事人之间的共谋行为上，效果与效率都不够令人满意，但实验研究依然在评价和改进现有机制设计上给我们带来很大的启示：

（1）使用双监督人进行监督活动，无论具体安排是静态的囚徒困境机制，还是引入组织歧视与否的动态机制，都只能在一定程度上阻止共谋行为的发生。因此，完全依据理性人假设来设计与实施的监督机制，其可操作性以及有效性值得商榷，将人性做更为复杂的考量以改进现有监督机制设计似乎更为可取。

（2）将信息不对称（即组织歧视）外生地嵌入双监督人监督机制当中的实际效果并不理想，即"分而未必能够治之"。实验中，在监督人之间引入不对称信息并没有很好地起到在当事人之间制造利益冲突、瓦解共谋的作用。当然，这不影响性别歧视做法的使用，实验结果表明在担任 S_1 时，女性比男性更加胜任，这一点不妨在具体运用双监督人监督机制时加以采用。

（3）提高奖励水平，有助于强化监督人忠实履行监督义务的激励，加大监督对象诱使监督人与之共谋的难度，并且不会造成监督机制效率的下降。因此，在进行监督机制设计时，适当提高对监督人的激励力度，可能会取得事半功倍的效果。

（4）在选用监督人时，除了考察业务素质与工作能力等指标之外，将个体的某些特质作为辅助参考也是必要的。例如，社会偏好强烈和风险偏好的个体不宜被委以监督重任。

第五章

知情委托人信息结构下的
当事人行为实验研究

前述对双监督人共谋防范机制的实验研究是基于标准委托—代理框架展开的，即在委托—代理关系中委托人总是处于信息劣势，容易受到代理人机会主义行为的侵害，此时机制设计的重点在于防范代理人之间可能的共谋（当代理人多于一人时），揭示更多的信息从而保护委托人的利益。[1] 然而，现实委托—代理关系中的信息分布远比标准理论所假设的更为复杂，一旦偏离标准信息分布状态，即会衍生出新的共谋主题，涉及不同的当事人和利益关系。因此本章在非标准委托—代理框架下对知情委托人的契约提议博弈展开实验研究，为后续章节研究剥夺型共谋及其防范机制做理论铺垫。

第一节　知情委托人问题的研究进展

一、信息结构与知情的委托人

对于社会经济生活中广泛存在的委托—代理关系，法律上关注当事人的

---

[1]　多代理人时的共谋现象可区分为代理型共谋和监督型共谋，监督人实质上也是代理人，只是独立出来专司监督职能而已。

权利关系和行为身份——授权的一方为委托人（principal），受托的一方为代理人（agent）。信息经济学则关注当事人的信息状态——拥有私人信息的一方为代理人，没有私人信息的一方为委托人。信息经济学把握住了委托—代理的本质所在，也就是为什么有的人愿意做委托人，有的人愿意做代理人。在信息经济学的框架中，委托人只能观察到代理人行动的结果而无法直接观察其行动，否则就没有信息不对称问题，契约因而也只能据此建立。此时，委托—代理的核心问题就转换为不对称信息下的机制设计问题，即委托人如何设计一种能够同时满足个人理性约束（individual rationality constraint，IR）和激励相容约束（incentive compatibility constraint，IC）的机制，诱使代理人显示其私人信息，从而避免逆向选择与道德风险，以最大化自己的期望收益（Holmstrom，1979；Grossman & Hart，1983）。具体而言，就是通过诸如状态依存的支付与适当的基础工资等从代理人处抽取全部租金。

这种由赫尔威茨（Hurwicz，1960，1972）开创并由马斯金和迈尔森拓展的机制设计理论在解释经济交往时非常有效，但也遭遇诸多悖论，事实上委托人并不总是处于信息劣势，如拍卖中卖家可能对标的物的真实价值和所有买家的估价掌握私人信息；规制者比被规制者（生产者）更了解规制产品的市场需求信息；雇主比新入职员工更了解工作地点、未来的需求条件和升职前景等。上述问题及其解决衍生出非标准委托—代理问题——知情委托人的委托—代理问题。

二、知情委托人问题的扩展研究

尽管知情委托人现象在现实中大量存在，但由于在标准模型中引入委托人的私人信息使得契约提议博弈涉及信号传递问题而太过复杂，故一度不被学术界重视。在迈尔森、马斯金和梯若尔的开创性工作之后，该主题才逐渐开始引起更多的关注，一批学者（Quesada，Cella，Bond & Gresik，Mylovanov & Troger et al.）从不同的角度进行了扩展研究。

（一）丰富了模型的假设条件

1. 引入道德风险

在标准委托—代理模型中，委托人只能观察到代理人行动的结果而无法直接观察其行动，否则就没有信息不对称问题，契约因而也只能据此建立。此时，委托人需要做的就是设计激励契约以最大化自己的期望收益（Holmstrom，1979；格罗斯曼和哈特，1983），具体而言，就是通过诸如状态依存的支付与适当的基础工资等从代理人处抽取全部租金。至于委托人如何选择最优激励契约，道德风险方面的文献提出过一些洞见，而知情委托人分析范式的引入改变了最优激励契约的特征，此时，最大化方法不再适用。当然，在 M 和 MT 对知情委托人问题的研究中，存在一些未尽之处，如 M 主要关注不同解概念之间的相互关系，其所刻画的均衡机制没有解决代理人是否收到事前租金的问题；MT 虽然详细刻画了均衡契约，却没有涉及代理人的道德风险问题。有鉴于此，博德里（Beaudry，1994）构建了混合模型，在刻画均衡契约的同时考虑道德风险，表明对工作特征有私人信息同时又看重代理人努力的委托人，会通过一个高基础工资低奖金的契约将部分事前租金留给代理人，即便签约自由以及双方都为风险中性时亦然，目的在于使特定目标的实现对于代理人来说既合意又可信。

2. 当事人的信息相互关联

对于委托—代理双方各自拥有的私人信息，MT 的模型假定其相互独立并且委托人的私人信息事关支付。然而，如果双方当事人的私人信息相互关联，在 MT90 所设想的虚拟经济中便不存在瓦尔拉斯均衡，完美贝叶斯均衡也没有瓦尔拉斯均衡那样的效率特征。基于私人信息相关假定，丸山（Maruyama，2005）的模型得出了与 MT 相反的结论，即博弈存在无效率的均衡闭联集且没有分离均衡，同时委托人比在完全信息最优中严格改善，造成差异的原因在于丸山模型中委托人关于代理人类型的信念取决于其对信号的理解，因而是私人信息这样一个事实。瑟尔纳（Cella，2008）则发现一旦私人信息相关，由于不同类型的代理人对自然状态的概率分布有不同的信念，面对委托人所提供的混同契约就难以判断其类型，从而使知情委托人在设定转移支付时有更多的自由，并且能从代理人处抽取比其类型是公开信息时更多的剩余。当然，所增加的支付纯粹是源自委托人从代理人处抽取剩余的再分配而非风险的消除。

3. 允许有成本地收集信息

由于信息能够降低不确定性及由此带来的风险，人们在决定接受契约或参与交易之前会积极收集信息。然而，信息收集是有成本的，其高低可能直接影响当事人的策略选择。在申和成浩（Shin & Sungho，2008）的模型中，委托人对自己生产技术的效率参数拥有私人信息，并且可要求代理人采用自己的技术或使用从其他渠道获得的技术进行生产。双方对于代理人能够从外部获得的技术效率参数都不知情，但是代理人可以通过昂贵的调查活动而对此信息有所了解。结果发现当收集另一可用技术信息的成本小（大）时，委托人要求代理人更多（少）采用委托人的技术。申和成浩没有采用 MT 关于知情委托人问题的典型模型，而是运用拉丰和马赫蒂摩（2002）以及芬克尔（Finkle，2005）的模型关注各方的谎报动机以避免知情委托人问题中复杂的信号传递问题。

如果知情当事人的支付与其私人信息无关时，不利类型的当事人总是可以通过模仿有利类型当事人的契约提议而获益，信号传递也就失去了价值。梅泽蒂和塔苏伦汉斯（Mezzetti & Tsoulouhas，2000）的研究表明，如果能构建一个引发不知情当事人进行签约前调查的契约，有利类型的当事人就能将自己从不利类型中分离出来。如果不知情当事人调查并拒绝了初始要约，为实现这种分离，知情当事人必须能够对其初始要约做修改。只要存在一个要么接受—要么走人的要约，不知情当事人将因为知情当事人提供正的租金以阻止其调查而获益。总的来说，梅泽蒂和塔苏伦汉斯的分析有助于解释为何不知情当事人常常在交易敲定前使用专家的信息收集服务，并且为何知情当事人常常允许甚至鼓励这种信息收集。

4. 考虑信息的负价值

在标准模型中，私人信息可以让代理人有更多的策略选择，因而是多多益善。然而，委托人拥有私人信息并不见得是好事情，沙德和希维斯（Chade & Silvers，2001）刻画的完美贝叶斯均衡中，委托人对技术有更多信息时最终获益更少，并且其行动可能被向上（upward direction）扭曲，这些特征在完全信息下往往并不存在。与 MT 不同的是，他们允许代理人在接受契约后采取不可观察的行动，同时在多数分析中不允许委托人使用诸如 MT 所考虑的那样更为一般化的机制。米罗瓦诺夫（Mylovanov，2006）也认为如果委托人能在选择机制前获取私人信息，由于其自身的类型冲突（而非机制选择本身）造成了对代理人的信息泄露，他将无法选择事前最优机制。为了证明这个结果，米罗瓦诺夫建立对事前最优配置的约束（如果该配置是由知情委托人实施的，约束条件就必须得到满足），并就一般间接支付函数而言延续 MT 的研究。由知情委托人选择的配置违反了一般间接支付函数可微严格凹的条件，这个通过调用横截性与隐函数定理而建立的一般结果弥补了 MT 没有对此进行证明的缺憾。

（二）基于私人价值的扩展

按照 MT90 的逻辑，相对于其类型是共同知识时所获得的支付而言，委托人拥有私人信息时的境况不会恶化，但是当双方参与人的效用函数都为拟线性时，委托人就无法从提供混同契约中获益。瑟尔纳（2005）扩展了 MT90 的结论，表明如果代理人是风险规避的，对委托人来说即便其类型独立且风险中性，仍存在源自隐藏信息的收益。在均衡中，委托人只是将一些事前风险从有效的代理人处转移给无效的代理人，尽管委托人的剩余增加了，但配置效率并没有提高。针对 MT 的研究，瑟尔纳提出虚拟交换经济（委托人作为消费者交易代理人约束的松弛变量）中驱动交换的主要因素是风险分担的观点。不考虑某类代理人总是比其他代理人更有效率的假定，而考虑在固定成本与边际成本负相关时出现的补偿性激励，弗莱克金格（Fleckinger，2007）的研究表明，MT90 关于知情委托人的私人信息在契约订立前被显示，他既不受益也不受损的结果可能不再成立。

基于私人价值的三阶段博弈模型，克萨达（Quesada，2002）得出了在一定的凸性假设条件下，存在确定的最优机制，而分离均衡因为无法实现帕累托最优而不存在的结论。在均衡时，高类型（$\bar{\theta}$）不存在产出扭曲，低类型（$\underline{\theta}$）存在向下扭曲的经典结论仍然成立，但取决于参与双方的风险类型。

如果委托人是风险规避的，产出扭曲就减少，如果代理人是风险规避的，对不同类型的委托人，产出可能存在此消彼长的关系，表明知情委托人问题的最优契约选择不同于标准的逆向契约选择。同时，如果代理人是无限风险规避的，委托人无法获得比标准逆向选择契约更好的结果，因为这意味着强迫代理人承担风险的成本太大。

M 给出了由知情委托人实施的机制应具有的一般特征，MT 给模型添加了更多的结构从而能够刻画均衡集。通过允许委托人提供一个第三方在其中发表声明的机制，MT90 表明委托人在任意均衡中都严格做到更好。克萨达（2007）在两个维度上改进了 MT90 的私人价值模型，表明 MT90 关于效率和均衡唯一性的结论在委托人被迫设计一个不含第三方机制时仍成立（其实就是把知情委托人问题置于传统的机制设计观点之下），同时为问题的一个子集完整刻画了均衡配置，其中强无约束帕累托最优（SUPO）配置是确定性的。如此一来，代理人的风险规避程度即成为产出扭曲大小的重要参数。

M 和 MT 的模型排除了私人物品得以交易的标准市场环境，MT 甚至设想了虚拟经济的存在，其假设保证了两个交换松弛变量的均衡价格非零并且没有来自交换其他约束松弛变量的收益，这在建立松弛变量交换均衡与 SU-PO 的关系时很重要，一旦假设没得到满足它们就不再成立。米罗瓦诺夫和特罗格（Mylovanov & Troger，2009）的研究表明，知情委托人机制选择问题的解存在于一大类广义私人价值的情境中，其解是对 MT90 之 SUPO 的扩展，并且解存在的条件是给定任意的类型构成，委托人的最好可能结果是所有代理人的最坏可能结果，该条件在多数市场环境中得到满足，他们还计算了 SUPO 并给出其不存在的例子。

（三）基于共同价值的扩展

在 MT92 的有限类型模型中，每一完美贝叶斯均衡均由对代理人事前个人理性的激励相容配置给出，且帕累托弱优于与现状相联系的 RSW 配置。蒂斯尔亚（Tisljar，2002）对 MT92 研究的扩展则依照一般概率测度描绘类型（即更为一般的信息结构），表明如果能以适当的方式限制参与人的策略，其机制设计模型中的显示原理和不可理解原理即为有效，显示原理服从激励相容约束成为一个必要条件，且容易从不可理解原理中导出个人理性结果。蒂斯尔亚在其模型中使用直觉标准作为均衡精炼，由于直觉标准是一种相对弱的精炼标准，他提供了一种与格罗斯曼和佩里（1986）完美序贯均衡相联系的精炼标准。这种精炼基于代理人如何在非均衡路径上更新其信念的相当严格的假定，但允许一种相对强的均衡精炼标准。

M 使用部分合作的方法，试图寻找并构建中性最优机制从而契约提议本身不会显示私人信息，MT92 则在更为严格的设置下刻画契约提议博弈的完美贝叶斯均衡，基于 MT92 的共同价值框架以及强分类和拟线性支付假定，巴尔肯伯格和马克里斯（Balkenborg & Makris, 2008）试图找出这两项研究之间的联系。他们以归纳的方式构建了一个叫作"N – 保证配置"（N – assured allocation）的机制，表明至少有一个 N – 保证机制是非占优的（M 的术语）和中度有效的（MT 的理解）。MT92 表明任意一个 N – 保证机制占优于 RSW 配置，而非占优的 RSW 就是 M 所谓的强解，因此强解、中性最优、RSW 配置和 N – 保证配置都是一致的。由于涉及聚束条件，巴尔肯伯格和马克里斯不知道 N – 保证机制和中性最优通常是如何联系的，而在排除聚束的类似风险率条件下，他们表明非占优的 N – 保证机制事实上就是中性最优。

三、知情委托人范式在现实问题中的应用

理论创新往往源于实践的需要，部分学者把知情委托人范式与具体问题结合起来，使相应的研究显得更加直观。

1. 公共物品提供中的知情委托人

公共物品的供给常常因为"搭便车"行为而存在不足，自格林和拉丰（1979）以来，不对称信息下的公共物品供给通常被视为在有完全承诺能力的不知情仲裁人庇护下的机制设计问题。当然，缺乏仲裁人的制度背景则更加贴近现实，此时对自己非合作支付意愿有私人信息的捐赠者向为他们生产公共物品的代理人提供捐赠。马赫蒂摩和莫雷拉（Martimort & Moreira, 2007）发现在这个实际上存在秘密知情委托人的共同代理博弈中，委托人并没有减少他们的边际捐赠以搭别人的"便车"，以便通过观察其他委托人的

捐赠来甄别代理人的内生性私人信息。在一些弱分布条件下，总是至少存在一个可辨均衡且事后无效。除非对类型分布做相当严格的假定（如线性风险率的类型分布），中等效率常常难以达到，表明不知情仲裁者庇护之下的公共干预有助于协调捐赠行为。

2. 拍卖中的知情委托人

拍卖是经典的价格发现和资源配置机制，有双向与单边之分。单边拍卖中的竞争是在买家之间展开的，当卖家知道买家们对于标的物的保留价格而买家之间相互不知情时，卖家的交易设计就是知情委托人的机制设计问题。基于此背景，在蒂斯尔亚（2003）模型的非占优完美贝叶斯均衡中，待售标的将被出售给保留价格最高的买家，并且知情卖家能从所有潜在的买家手中抽取全部事前期望剩余。斯克雷塔（Skreta，2007）研究了知情卖家的最优信息披露问题，认为如果卖家披露有关买家估价的信息，则对由利润最大化机制产生的期望利润没有影响，他所建立的这个信息无关原理与著名的联系原理（linkage principal）相悖，但与在公司拍卖中卖家尽可能少地披露信息的常见做法相一致。由于卖家的私人信息放松了买家的激励约束，即便在私人价值与拟线性偏好情形下，知情委托人的境况也可以严格优于不知情者。

3. 税收竞争中的知情委托人

在多委托人的共同代理博弈中，委托人对于代理人的偏好可能并非全部知情，那么这种信息不对称会减少还是增加委托人之间的寻租竞争呢？面对多个信息源，不知情的委托人又该如何选择自己的策略从而博弈的均衡又会怎样呢？邦德和格雷希（Bond & Gresik，1998）构建了一个税收竞争模型以研究共同代理博弈中的信息共享问题。两国政府就对跨国公司的收入和产出征税的方案进行竞争，其中只有一方知道生产成本，对不知情的另一方来说，事实上存在公司和知情政府两个信息源，邦德和格雷希相应地导出公司报告和政府报告这两个博弈的均衡并得出如下结论：在公司报告博弈中，社会不合意企业面临有效税收而社会合意企业面临低效税收，此时知情政府能影响不知情政府参与租金抽取的均衡激励；在政府报告博弈中，尽管不知情公司内在化其税收对知情政府的影响，但最有效均衡等价于公司报告博弈中的有效混同均衡。另外，邦德和格雷希（1997，2004）还分别将知情委托人与劳动力市场，以及汽车经销契约、品类管理以及跨国公司转移定价等实践中的部分授权现象结合起来进行了相应研究。

四、知情委托人范式的理论与现实意义

由于引入了委托人的私人信息，知情委托人分析范式改变了标准委托—代理理论中的信息结构，从而构成了对既有研究框架的超越，无论是对于推动理论研究的进展与完善还是对于现实问题的理解与解决，都有着积极意义。

1. 拓展与完善了标准委托—代理理论

按照信息经济学的逻辑，委托—代理问题实质上是信息问题，不对称信息构成了委托—代理理论的基石。然而，标准委托—代理理论是在假设代理人有私人信息这一信息结构下展开研究，不考虑委托人有优势信息的情况，显然不足以解释与解决某些常见现象和问题。知情委托人研究范式的出现，把委托—代理框架中的信息结构做了合理延伸，即信息不对称可以是双边的，委托人也可能有私人信息（并不影响代理人可以同时拥有私人信息），这在很大程度上完善了标准委托—代理理论，进一步增强了理论的解释力。

2. 丰富了公司治理客体的内涵

现有的公司治理研究运用标准委托—代理的分析范式，更多地关注代理型治理问题，即在 P－A 框架中把代理人视为治理的客体。为了获取代理人的私人信息，除了考虑设计合理的激励机制外，引入监督人（实质也是代理人）对其进行监督也是委托人的一种选择，此时 P－A 就转化为 P－S－A。然而监督人和被监督的代理人之间可能通过签订支契约而达成瓜分信息租金的共谋，从而弱化监督机制的作用，这更加强化了公司治理就是对代理人的治理这一信念。而从 20 世纪 80 年代中后期开始以 LLSV 为代表的一批学者关注控股股东与管理层共谋，掠夺中小股东和债权人的剥夺型治理问题，强调法律环境及对中小投资者保护的治理意义，扩展了公司治理客体的构成，原本作为治理主体的部分委托人此时也蜕变成了治理的客体。究其原因，主要在于部分委托人（控股股东）拥有私人信息，这与知情委托人的基本观点是不谋而合的。基于此，对公司治理客体的界定不能只包括代理人，而是应

该以当事人的信息持有量作为判断标准：谁拥有更多的信息，就治理谁。

3. 为机制设计提供改进建议

如前文所述，委托—代理问题实质上是信息问题，由于只考虑代理人拥有私人信息，解决办法就是设计一个有效的激励机制诱使其显示私人信息。然而当委托人拥有私人信息并存在道德风险时，经典机制设计理论就显得力不从心：例如，某些从事非法经营的企业老板雇佣职业经理做"替身"，代其实施不法经营，经理可能对此并不知情且要承担由对方行为所招致的法律制裁的风险，知情委托人的分析范式恰好为解决这个问题提供了有益的思路。

理论的生命力在于它的解释力，知情委托人分析范式由于在许多情境中更为贴近现实而受到越来越多的关注。

第二节　知情委托人信息结构下的契约提议博弈

在本节中我们将信息分布与契约提议结合起来，考察委托人知情时契约提议博弈中的最优契约。依照信息经济学以信息持有量作为认定委托人与代理人的标准，知情委托人范式中的当事人身份认定就会存在问题，然而鉴于是由委托人提出"要么接受，要么走人（take-it or leave-it）"的契约，无论信息分布状态如何，委托人角色并未出现实质性变化并且事实上掌握了完全的谈判控制权。

一、信息对称与代理人信息优势下的契约提议

考虑委托人雇佣代理人从事某种生产经营活动，代理人的类型 θ 有高效率和低效率两种（可以直观地理解成生产单位产品的边际成本为低或高），即 $\theta \in \Theta = \{\underline{\theta}, \overline{\theta}\}$，其分布概率是共同知识，分别为 v 和 $1-v$。假定代理人类型不影响委托人的效用，产出 q 带给委托人的效用为 $S(q)$，其中 $S' > 0$，$S'' < 0$ 且 $S(0) = 0$。代理人生产 q 单位产出的成本为 $C(q) = \theta q$（由于固定成本

在分析中不起作用，此处只考虑变动成本），委托人对代理人的转移支付为 t。

（一）信息对称下的契约提议

讨论契约提议博弈问题，完全信息是一个基准。[①] 对委托人而言，完全信息是一种理想状态，由于委托人知道代理人的实际类型，因此最优的产出水平应当在满足一阶条件 $S'(q) = C'(q)$，即委托人的边际效用等于代理人的边际成本时得以实现。在此临界点上，增加或者减少产出都会偏离最优状态从而使委托人的效用降低。考虑代理人的不同效率/成本类型，可将该条件具体化为：

$$S'(\underline{q}^*) = \underline{\theta} \qquad\qquad (5-1)$$

或者

$$S'(\overline{q}^*) = \overline{\theta} \qquad\qquad (5-2)$$

由于是完全信息，委托人实施代理的成本为零，不存在激励相容问题，因此为了保证代理人接受契约并按照要求行事，委托人只需要满足代理人的参与约束（或称个人理性约束），即代理人接受契约所获得的效用必须高于其未参与契约时的保留效用（为分析之便，一般将代理人未参与契约时的保留效用水平设定为 0），则可以将参与约束表达为：

$$\underline{t} - \underline{\theta}\,\underline{q} \geq 0 \qquad\qquad (5-3)$$

$$\overline{t} - \overline{\theta}\,\overline{q} \geq 0 \qquad\qquad (5-4)$$

于是，委托人可以根据代理人的类型为其"量身定做"个性化的契约，也就是说完全信息下的最优契约是一个契约对 $\{(\underline{t}^*, \underline{q}^*), (\overline{t}^*, \overline{q}^*)\}$：若代理人是高效率的 $(\theta = \underline{\theta})$，则提供契约 $(\underline{t}^*, \underline{q}^*)$；若代理人是低效率的 $(\theta = \overline{\theta})$，则提供契约 $(\overline{t}^*, \overline{q}^*)$。

由于我们定义委托人的边际效用是递减的，根据式（5-1）和式（5-2），不难得出的一个结论就是：最优产出水平满足 $\underline{q}^* > \overline{q}^*$，即高效率代理人的最优产出要大于低效率代理人的最优产出，这也是符合社会资源配置和福利

[①]　由于完全信息时不存在私人信息，委托—代理双方的信息显然是对称的，即各自在知道自己类型的同时也知道对方的类型。

优化原则的。

值得注意的是，完全信息之下不存在信息租金，委托人甚至可以通过契约设计使得代理人最终的效用水平为零，如果用 $\underline{U}^*$ 和 $\overline{U}^*$ 分别表示高效率代理人和低效率代理人的效用，则：

$$\underline{U}^* = \underline{t}^* - \underline{\theta}\,\underline{q}^* = 0 \qquad (5-5)$$

$$\overline{U}^* = \overline{t}^* - \overline{\theta}\,\overline{q}^* = 0 \qquad (5-6)$$

（二）代理人信息优势下的契约提议

在完全信息之下，委托人可以无成本地实施代理，从而得到与亲力亲为等同的效用。然而，委托—代理关系中的信息分布，更多的是一如标准理论所假设的那样，代理人对自己的类型拥有私人信息。此时，面对完全信息下的最优契约对 $\{(\underline{t}^*, \underline{q}^*), (\overline{t}^*, \overline{q}^*)\}$，高效率的代理人（$\underline{\theta}$）会隐瞒自己的类型，假装成低效率（$\overline{\theta}$）以提高自己的效用水平（实际就是抽取信息租金），具体数额为：

$$\Delta\theta\,\overline{q} = (\overline{\theta} - \underline{\theta})\,\overline{q} \qquad (5-7)$$

契约则因不能满足代理人的激励相容约束而无法实施。要使代理人显示自己的私人信息，即不隐瞒自己的实际类型，委托人设计的契约对 $\{(\underline{t}^*, \underline{q}^*), (\overline{t}^*, \overline{q}^*)\}$ 除了满足代理人的参与约束［式（5-3）和式（5-4）］外，还需要满足其激励相容束：

$$\underline{t} - \underline{\theta}\,\underline{q} \geqslant \overline{t} - \underline{\theta}\overline{q} \qquad (5-8)$$

$$\overline{t} - \overline{\theta}\,\overline{q} \geqslant \underline{t} - \overline{\theta}\underline{q} \qquad (5-9)$$

此时高效率的代理人没有激励假装成低效率的，低效率的也没有激励说自己是高效率的，也就是说契约对 $\{(\underline{t}^*, \underline{q}^*), (\overline{t}^*, \overline{q}^*)\}$ 只有同时满足代理人的参与约束［式（5-3）和式（5-4）］，以及激励相容约束［式（5-8）和式（5-9）］才是在信息不对称之下进行资源配置的激励可行机制。

然而，由于代理人具有私人信息，委托人很难再像完全信息时那样占有全部的交易剩余，即便能够继续使低效率代理人（$\overline{\theta}$）的效用为零，也无法阻止高效率代理人（$\underline{\theta}$）通过隐瞒实际类型来抽取信息租金。那么，委托人在设计一种机制来实现自己的期望效用最大化时，即：

$$\max_{\{(\bar{t},\bar{q});(\underline{t},\underline{q})\}} v(S(\underline{q})-\underline{t})+(1-v)(S(\bar{q})-\bar{t}) \qquad (5-10)$$

s.t.　式（5-3）、式（5-4）、式（5-8）和式（5-9）

就必须让渡部分信息租金给高效率的代理人以使其显示真实的类型信息。如果我们用 $\underline{U}=\underline{t}-\underline{\theta}\underline{q}$ 和 $\bar{U}=\bar{t}-\bar{\theta}\bar{q}$ 分别表示两类代理人的信息租金，则代理人的参与约束和激励相容约束用信息租金形式表达就变换为：

$$\underline{U}\geqslant 0 \qquad (5-11)$$

$$\bar{U}\geqslant 0 \qquad (5-12)$$

$$\underline{U}\geqslant \bar{U}+\Delta\theta\bar{q} \qquad (5-13)$$

$$\bar{U}\geqslant \underline{U}-\Delta\theta\underline{q} \qquad (5-14)$$

同时委托人的最优化问题（5-10式）就转化为：

$$\max_{\{(\underline{U},\underline{q});(\bar{U},\bar{q})\}} \underbrace{v(S(\underline{q},\underline{\theta})-\underline{\theta}\underline{q})+(1-v)(S(\bar{q},\bar{\theta})-\bar{\theta}\bar{q})}_{\text{资源配置效率期望值}}$$

$$-\underbrace{(v\underline{U}+(1-v)\bar{U})}_{\text{期望信息租金}} \qquad (5-15)$$

如此一来，委托—代理问题的根本矛盾实质上就转化为信息租金抽取与资源配置效率的冲突。为使高效率的代理人显示真实信息，委托人需让渡部分信息租金给代理人以满足其激励相容约束，以便能在完全信息之下实现资源配置的帕雷托最优。然而，让渡租金对委托人而言意味着成本的增加和收益的减少，为了减少租金损失，委托人只能牺牲部分的资源配置效率，从而在两难选择中达到一种均衡，此时委托人得到最优的激励机制设计和次优的资源配置结果。

用拉格朗日方法求解委托人的最优规划问题 [式（5-15）]，关键在于确定约束式（5-11）、式（5-12）、式（5-13）、式（5-14）中哪些在最优处是紧的，以便将表达式简化为只含有产出水平这一个变量。①

根据约束式（5-12）和式（5-13）可直接推知式（5-11）是成立的，并且式（5-14）似乎无关紧要，那么问题仅在于高效率的代理人会否

---

① 即表示参与约束和激励相容约束的不等式以等号形式成立。

假装是低效率的，从而导致产出水平存在扭曲。假定约束式（5-12）在最优处非紧，即对于低效率的代理人而言存在正的信息租金 δ，那么委托人可以保持产出水平不变，将两类代理人的信息租金各减去 δ，使得低效率代理人的信息租金 $\underline{U}=0$，高效率的代理人信息租金为 $\underline{U}=\Delta\theta\overline{q}$，将信息租金表达式代入式（5-15），则委托人的最优规划表达式转化为：

$$\max_{\{q,\overline{q}\}} v(S(\underline{q})-\underline{\theta}\,\underline{q})+(1-v)(S(\overline{q})-\overline{\theta}\,\overline{q})-v\Delta\theta\overline{q} \qquad (5-16)$$

由于高效率代理人所获得的信息租金 $\underline{U}=\Delta\theta\overline{q}$ 取决于委托人要求低效率代理人完成的产出 $\overline{q}$，而与产出水平 $\underline{q}$ 无关，因此式（5-16）对 $\underline{q}$ 和 $\overline{q}$ 分别求最优解则得到：

$$S'(\underline{q}^{**})=\underline{\theta}\quad\text{或者}\quad \underline{q}^{**}=\underline{q}^{*} \qquad (5-17)$$

$$(1-v)(S'(\overline{q}^{**})-\overline{\theta})=v\Delta\theta \qquad (5-18)$$

尽管此时增加低效率代理人的产出可以提高资源配置效率，但同时也增加了高效率代理人的信息租金，委托人的期望效用将会减少，因此在次优配置中，委托人将维持低效率代理人的产出水平，即在资源配置效率与租金抽取之间找到一均衡点。

那么，对于委托人而言，标准信息分布下的最优契约对为 $\{(\underline{t}^{**},\underline{q}^{**})$，$(\overline{t}^{**},\overline{q}^{**})\}$，其中高效率的代理人得到严格正的信息租金，即 $\underline{t}^{**}=\underline{\theta}\underline{q}^{*}+\Delta\theta\,\overline{q}^{**}$，产出水平则不存在扭曲，即 $\underline{q}^{**}=\underline{q}^{*}$；低效率的代理人没有信息租金，即 $\overline{t}^{**}=\overline{\theta}\overline{q}^{**}$，产出水平则向下扭曲，即 $\overline{q}^{**}<\overline{q}^{*}$，且满足条件 $S'(\overline{q}^{**})=\overline{\theta}+\dfrac{v}{1-v}\Delta\theta$。

二、委托人信息优势下的契约提议

事实上委托—代理关系中的信息分布并非仅限于我们前面所讨论的两种情形，很多时候委托人在契约提议博弈中不是简单地处于信息劣势，而是同样可能拥有私人信息。[①] 此时，契约当事人尤其是委托人的偏好与信念可能

---

① 信息经济学将委托—代理关系中拥有私人信息的一方界定为代理人，另一方则为委托人。依此逻辑，当委托人也有私人信息时，委托—代理双方角色的认定就会存在冲突，此时指定契约设计者（提议者）为委托人即可解决这一问题。

会发生变化，从而使契约提议出现不同于信息对称和代理人信息优势时的变化。

　　研究委托人信息优势下（即知情委托人）的契约提议，其背景与信息对称和代理人信息优势时基本相同，即在委托—代理关系的具体内容、代理人的效率类型以及相应的分布概率、委托人对代理人的转移支付等方面的设定是一致的。由于委托人私人知情时的契约提议，隐含了信号传递问题而过于复杂，拉丰和马赫蒂摩（2002）通过重新刻画博弈时序，假设委托人在获取私人信息前提议契约，从而使对该问题的分析相对简化。[①]

　　鉴于代理人在能力维度上是异质的，其类型可能有多种取值（即与能力大小相对应，效率有高低之别），基于显示原理，委托人可以设计一组与代理人类型数目相同的契约 $\{(\bar{t}, \bar{q}), (\underline{t}, \underline{q})\}$，并期望 $\underline{\theta}$ 类型的代理人选择 $(\underline{t}, \underline{q})$，$\bar{\theta}$ 类型的代理人选择 $(\bar{t}, \bar{q})$。考虑代理人类型影响委托人效用的共同价值模型，假定产出 q 带给委托人的效用 $V = S(q, \theta) - t$（其中 $S_{q\theta}(q, \theta) < 0$，即满足 Spence – Mirrlees 条件），同时代理人的效用为 $U = u(t - \theta q)$，$u(\cdot)$ 是递增的、严格凹的效用函数 $(u'(\cdot) > 0, u''(\cdot) < 0$，其中 $u(0) = 0)$。[②]

　　拥有私人信息的委托人，其在代理人两种效率状态下的信息租金分别表示为 $\underline{V} = S(\underline{q}, \underline{\theta}) - \underline{t}$ 和 $\bar{V} = S(\bar{q}, \bar{\theta}) - \bar{t}$。根据信息租金与转移支付之间的关系，体现转移支付 - 产出关系的契约组 $\{(\bar{t}, \bar{q}), (\underline{t}, \underline{q})\}$ 可以转化为体现信息租金 - 产出关系的组合 $\{(\bar{V}, \bar{q}), (\underline{V}, \underline{q})\}$，这样就可以从信息租金 - 产出水平的视角来考察资源配置问题。

　　由于代理人的效率类型不同，提供相同数量产出所能带给委托人的效用显然存在差别，此处用 $\Phi(q) = S(q, \underline{\theta}) - S(q, \bar{\theta})$ 来表示具体的差值。由于委托人是在事后知道自己类型的，故其在事前提供的契约必须满足委托人的激励约束：

$$\underline{V} \geq \bar{V} + \Phi(\bar{q}) \qquad (5-19)$$

---

　　① 下文的逻辑模型推演引自拉丰和马赫蒂摩的《激励理论 I：委托—代理模型》。
　　② Spence – Mirrlees 条件亦称单相交性质，即高能力和低能力两种类型人的无差异曲线因斜率不同只相交一次。也就是说不同能力类型的人边际效用不同，因而反应不同，这是对其进行鉴别的必要条件。

$$\overline{V} \geqslant \underline{V} - \Phi(\underline{q}) \qquad (5-20)$$

将式（5-19）和式（5-20）相加，可以得到：

$$\Phi(\overline{q}) - \Phi(\underline{q}) < 0 \qquad (5-21)$$

因为之前假定 $S(\cdot)$ 是 q 的递增的凹函数，故 $\Phi(\cdot)$ 也是 q 的增函数，即一阶导数 $\Phi'(\cdot) > 0$。同时，使用 Spence-Mirrlees 条件 $S_{q\theta}(q, \theta) < 0$，得出：

$$\underline{q} \geqslant \overline{q} \qquad (5-22)$$

也就是说从社会福利的角度讲，对于 $\overline{\theta}$ 代理人所要求的最优产出不能高于 $\underline{\theta}$ 代理人。而对于风险规避的代理人而言，由于契约是在事前阶段提供的，其期望收益必须非负，即代理人的参与约束为：

$$vu(\underline{t} - \underline{\theta}\,\underline{q}) + (1-v)u(\overline{t} - \overline{\theta}\,\overline{q}) \geqslant 0 \qquad (5-23)$$

根据委托人信息租金的定义，可以将转移支付表示为委托人信息租金 $\underline{V}$ 和 $\overline{V}$ 的函数，则代理人的参与约束可以转化为：

$$vu(S(\underline{q}, \underline{\theta}) - \underline{\theta}\,\underline{q} - \underline{V}) + (1-v)u(S(\overline{q}, \overline{\theta}) - \overline{\theta}\,\overline{q} - \overline{V}) \geqslant 0 \quad (5-24)$$

鉴于委托人在契约提议的事前阶段具有完全的谈判力，可以忽略其事前参与约束，此时委托人的目标即是要最大化期望信息租金：

$$\max_{\{(\underline{V}, \underline{q});(\overline{V}, \overline{q})\}} v\underline{V} + (1-v)\overline{V} \qquad (5-25)$$

$$\text{s. t.} \quad \underline{V} \geqslant \overline{V} + \Phi(\overline{q})$$

$$\overline{V} \geqslant \underline{V} - \Phi(\underline{q})$$

$$vu(S(\underline{q}, \underline{\theta}) - \underline{\theta}\,\underline{q} - \underline{V}) + (1-v)u(S(\overline{q}, \overline{\theta}) - \overline{\theta}\,\overline{q} - \overline{V}) \geqslant 0$$

当然，委托人最大化自己的期望效用，建立在满足代理人的参与约束和自己激励约束的前提之下，并且其激励约束反映了事后真实显示信息的必要条件。

如果委托人和代理人都不知道 θ 的值，即双方的信息是对称的，在求解最优契约时就无须考虑委托人的激励约束，这种情形是分析的一个基准。此时，最优契约要求两种类型下的产出都是帕累托有效的，即在此产出水平上，委托人的边际效用等于代理人的边际成本。具体来看，最优的产出水平 $\underline{q}^*$ 和 $\overline{q}^*$ 分别满足一阶条件 $S'_q(\underline{q}^*, \underline{\theta}) = \underline{\theta}$ 和 $S'_q(\overline{q}^*, \overline{\theta}) = \overline{\theta}$。同时，对于风险规避的代理人，该最优契约应提供完全的保险，即参与约束式是紧的：

$$S(\underline{q}^*, \underline{\theta}) - \underline{\theta}\,\underline{q}^* - \underline{V}^* = S(\bar{q}^*, \bar{\theta}) - \bar{\theta}\,\bar{q}^* - \bar{V}^* = 0 \qquad (5-26)$$

由于 $S_{q\theta}(q, \theta) < 0$，实际上确保了单调性在最优产出水平上总是成立，也就是说高效率代理人的最优产出水平要大于低效率代理人，即 $\underline{q}^* > \bar{q}^*$。如果假设最优配置未满足委托人的激励约束式（5-20），则 $\bar{V}^* < \underline{V}^* - \Phi(\underline{q}^*)$，从而：

$$\bar{V}^* - \underline{V}^* = S(\bar{q}^*, \bar{\theta}) - \bar{\theta}\,\bar{q}^* - (S(\underline{q}^*, \underline{\theta}) - \underline{\theta}\,\underline{q}^*)$$
$$< -S(\underline{q}^*, \underline{\theta}) + S(\underline{q}^*, \bar{\theta}) = -\Phi(\underline{q}^*)$$

即：

$$S(\bar{q}^*, \bar{\theta}) - \bar{\theta}\,\bar{q}^* < S(\underline{q}^*, \bar{\theta}) - \underline{\theta}\,\underline{q}^* \qquad (5-27)$$

此时，如果 $\bar{\theta}$ 类型的代理人假装是 $\underline{\theta}$ 类型的，最优产出水平上的社会福利将会得到改进。

而在委托人信息优势的情况下，委托人知道 θ 的实际值而代理人不知道。[①] 在 $\bar{\theta}$ 状态下，相对于契约 $(\bar{t}^*, \bar{q}^*)$，委托人提供契约 $(\underline{t}^*, \underline{q}^*)$ 可以增加期望效用，而在委托人应提供契约 $(\underline{t}^*, \underline{q}^*)$ 的 $\underline{\theta}$ 状态下其则是从不会愿意提供契约 $(\bar{t}^*, \bar{q}^*)$ 的。

当式（5-27）成立时，式（5-20）是委托人最优化问题中的有关激励约束。引入变量 λ 和 μ，分别就委托人的激励约束式（5-20）与代理人的参与约束式（5-24）构造拉格朗日乘式，并对委托人的信息租金 $\underline{V}$ 和 $\bar{V}$ 进行最优化求解，得出：

$$v - \lambda - \mu v u'(S(\underline{q}^{IP}, \underline{\theta}) - \underline{\theta}\,\underline{q}^{IP} - \underline{V}^{IP}) = 0 \qquad (5-28)$$

$$1 - v + \lambda - \mu(1-v)u'(S(\bar{q}^{IP}, \bar{\theta}) - \bar{\theta}\,\bar{q}^{IP} - \bar{V}^{IP}) = 0 \qquad (5-29)$$

将式（5-28）和式（5-29）相加得到：

$$\mu = \frac{1}{v u'(\underline{U}^{IP}) + (1-v)u'(\bar{U}^{IP})} > 0 \qquad (5-30)$$

其中，$\underline{U}^{IP} = S(\underline{q}^{IP}, \underline{\theta}) - \underline{\theta}\underline{q}^{IP} - \underline{V}^{IP}$ 以及 $\bar{U}^{IP} = S(\bar{q}^{IP}, \bar{\theta}) - \bar{\theta}\bar{q}^{IP} - \bar{V}^{IP}$ 分别代表代理人在不同状态下的支付，因此式（5-24）在最优时是紧的。此外，

---

① 下文中用 IP（Informed Principal）作为变量的上标表示委托人知情时的相应变量。

我们还得到：

$$\lambda = \frac{v(1-v)(u'(\overline{U}^{IP}) - u'(\underline{\underline{U}}^{IP}))}{vu'(\underline{U}^{IP}) + (1-v)u'(\overline{U}^{IP})} \qquad (5-31)$$

由于 $u(\cdot)$ 是凹的，则当且仅当 $\overline{U}^{IP} < \underline{U}^{IP}$ 时 $\lambda > 0$。

将委托人的规划问题对产出求导，得到次优产出水平，其中 $\overline{q}^{IP} = \overline{q}^*$，以及：

$$S_q(\underline{q}^{IP}, \underline{\theta}) = \underline{\theta} - \frac{\lambda \Phi'(\underline{q}^{IP})}{v\mu u'(\underline{U}^{IP})} \qquad (5-32)$$

基于上述分析，我们可以得出以下结论：假设代理人是严格风险规避的，并且知情的委托人在事前阶段提供契约，则最优的契约满足以下条件：

在代理人低效率（$\overline{\theta}$）时，委托人的激励约束 $\overline{V} \geqslant \underline{V} - \Phi(\underline{q})$ 和代理人的事前参与约束 $vu(S(\underline{q}, \underline{\theta}) - \underline{\theta}\underline{q} - \underline{V}) + (1-v)u(S(\overline{q}, \overline{\theta}) - \overline{\theta}\overline{q} - \overline{V}) \geqslant 0$ 都是紧的，此时产出不存在扭曲，即 $\overline{q}^* = \overline{q}^{IP}$。

在代理人高效率（$\underline{\theta}$）时，产出存在着向上的扭曲，即 $\underline{q}^{IP} > \underline{q}^*$，其中：

$$S_q(\underline{q}^{IP}, \underline{\theta}) = \underline{\theta} - \frac{(1-v)[u'(\overline{U}^{IP}) - u'(\underline{U}^{IP})]\Phi(\underline{q}^{IP})'}{u'(\underline{U}^{IP})} \qquad (5-33)$$

第三节　知情委托人信息结构下的契约提议实验研究

一、知情委托人的契约提议实验设计与研究假设

（一）实验设计

我们依据经典的契约提议博弈三阶段模型，即委托人提议契约、代理人接受/拒绝契约、契约执行来设计知情委托人的基础实验，主要考虑无声誉、有声誉以及身份互换三种契约情境。

假定委托人雇佣代理人从事一项有风险的经营活动（此处风险是从法律

意义而非市场意义上来说的，也可直观理解成进行非法经营活动有可能被发现而招致相应的处罚），产出 π 取决于风险程度 $\theta \in [1, 2, 3, 4, 5]$ 和代理人的努力水平 $e \in [0.1, 0.2, 0.3, \cdots, 1]$ 两个参数并全部归委托人所有（风险程度和努力水平皆为离散分布，前者由自然随机确定，后者由代理人自主选择），具体就是 $\pi = 100\theta \times e$。委托人以工资 $w (w = 50e)$ 雇用代理人，同时承诺付给其一个与实际风险程度相对应的补偿 $r(\theta)$，数额为：

$$r(\theta) = \begin{cases} 50 & \text{if } \theta = 1 \\ 100 & \text{if } \theta = 2 \\ 150 & \text{if } \theta = 3 \\ 200 & \text{if } \theta = 4 \\ 250 & \text{if } \theta = 5 \end{cases}$$

然而，由于实际的风险程度是委托人的私人信息，代理人事前并不知情，故委托人有激励在向代理人提议的雇用契约中披露一个较小的风险程度 $\hat{\theta}$ 以减少所支付的风险补偿。[①] 对于委托人提议的契约（实质也就是其宣称的风险程度），代理人一旦选择接受，实际所获得的风险补偿即为 $r(\hat{\theta})$。代理人在接受雇佣契约之后需要选择自己的努力水平，当然，对代理人来说努力工作是有成本的，相应的成本为增函数 $c(e)$，具体如表 5-1 所示。

表 5-1 代理人努力的成本函数

e	0.1	0.2	0.3	0.4	0.5	0.6	0.7	0.8	0.9	1
$c(e)$	0	1	2	4	6	8	10	13	16	20

特别地，代理人努力的成本会进一步被实际风险程度所放大（即所从事的经营活动风险越大，代理人实施同等努力面临的个人成本就越高）。在这个委托人拥有私人信息的契约提议博弈中，双方当事人的支付分别取决于各自的收入与成本，具体计算方法如下：

委托人的收益：$R_p = \pi(\theta, e) - r(\hat{\theta}) - w(e) = 100\theta \times e - r(\hat{\theta}) - 50e$

代理人的收益：$R_a = w(e) + r(\hat{\theta}) - \theta \times c(e) = 50e + r(\hat{\theta}) - \theta \times c(e)$

---

① 一般认为 $\hat{\theta} < \theta$，也可以是 $\hat{\theta} = \theta$，当然理性的委托人从来不会使 $\hat{\theta} > \theta$。

本实验的目的在于考察当契约提议博弈中的信息分布偏离标准委托—代理理论假设，即委托人拥有私人信息时，双方当事人的偏好与策略行为的变化以及博弈能否实现均衡。我们在实验中设置了无声誉、有声誉以及身份互换三种制度情境，每一种情境下均采用 8 名被试，按照 2 人一组随机配对分成 4 组，分别进行 15 期实验。参加实验的被试都是从经济学/管理学实验被试库中有偿招募的，具体要求为硕士研究生和高年级的本科生，并且没有参与过本书中的其他实验。

实验是 2010 年 8 月在南开大学泽尔滕实验室的计算机局域网上进行的，基于 Z - tree 平台的实验程序为自主开发。实验过程中，主程序通过服务器运行，为了避免相互交流，被试在隔间里通过各自的终端登录服务器并独立完成所有决策。在实验开始前，我们采用标准化试题对被试的风险偏好类型进行了测量。

（二）实验结构

我们的实验设置了三种处理方法，由同一批被试完成，具体的实验结构如表 5 - 2 所示。

表 5 - 2　　　　　　　　　　知情委托人契约提议实验结构

实验编号	实验结构	制度特征	实验步骤
实验 I		无声誉	（1）自然生成风险类型，委托人提议契约；
实验 II	2 人 ×4 组 ×15 期	有声誉	（2）代理人接受/拒绝契约并选择努力水平；
实验 III		身份互换	（3）双方的收益实现

实验 I 中，采用的是无声誉机制，被试担任委托人还是代理人的角色在实验开始前随机确定，之后在 15 期实验中始终保持不变，但各期实验中的分组则随机变动，即被试在各期实验中面对不同的博弈对象，类似于单次博弈。

实验 II 中，采用有声誉机制，被试的身份和分组随机确定后在 15 期实验中都是固定不变的，即每个被试在各期实验中面对同一个博弈对象，实质就是有限次的重复博弈。

在现实经济生活中，破产与创业都是常见的现象，我们关心个体在剧变之下角色实现转换后，其行为会否有实质性的变化。例如，老板破产后成为他人的雇员，会否表现出较高的忠诚度和努力水平；雇员独立创业做老板后会不会表现得更为宽厚。实验Ⅲ中，采用身份互换的无声誉机制，身份确定和配对分组方案与实验Ⅰ基本相同，只是在实验Ⅲ中被试的身份互换，即实验Ⅰ中的委托人在实验Ⅲ中担任代理人，实验Ⅰ中的代理人在实验Ⅲ中担任委托人，实验期数依然为 15 期。

（三）研究假设

制度约束人的行为。在无声誉机制的契约提议博弈中，委托—代理双方类似困境中的囚徒，个人理性往往会战胜集体理性，策略占优压倒支付占优。当声誉机制有可能存在时，当事人的合作行为会趋于增加，身份互换所营造的同情共感氛围，更是可能提升当事人的合作意愿，因此提出假设 5-1。

假设 5-1：契约提议博弈中，制度情境影响委托人的策略选择；

假设 5-1a：契约提议博弈中，制度情境影响代理人的策略选择。

作为经济人，委托人提议雇佣契约是为了获利，契约的实际风险越大，潜在信息租金的规模就越大，对契约的实际风险，私人知情的委托人可以通过提议坏契约并加大风险偏离度来抽取信息租金，最大化自身利益，因此提出假设 5-2。

假设 5-2：实际风险程度越大，委托人越倾向于提议坏契约且风险偏离度越大；①

假设 5-2a：代理人之前的努力水平影响委托人的策略行为。

由于委托人对契约的实际风险私人知情，同时又是契约的提议方，因此在契约提议博弈中明显处于优势地位，处于相对劣势地位的代理人则通过观察委托人的行为，来判断契约的实际风险和委托人的合作意愿，从而选择努力水平。基于此，提出假设 5-3。

---

① 我们把委托人如实提示风险的契约称为好契约（具体又细分为主动和被动两种，因为根据实验设计，在实际风险程度为 1 时委托人缺乏足够的策略空间，只能如实提示风险，故其行为具有被动意味，而在其他较高的风险等级上，委托人有策略空间却如实提示风险的情况则可视为其主动行为），把委托人隐瞒风险的契约称为坏契约。

假设 5 - 3：委托人提示的风险程度影响代理人对努力水平的选择；

假设 5 - 3a：代理人的努力水平受前一期委托人提议契约的类型影响。

在契约提议博弈中，积极合作对委托人与代理人而言是双赢策略，但如果只是某个当事人单方面表现出合作诚意，将会面临被对方机会主义行为侵害的风险。因此，契约当事人的策略行为会受其自身特质——风险态度的影响，所以提出假设 5 - 4：

假设 5 - 4：风险态度影响博弈中委托人的策略行为；

假设 5 - 4a：风险态度影响博弈中代理人的策略行为。

二、实验结果的描述性统计

从理论上讲，在不同的制度情境下，契约提议博弈的当事人会采取不同的策略与行为取向。表 5 - 3 列出了三种制度情境下知情委托人契约提议博弈的实验结果。在博弈中，委托人策略行为体现在其提议的契约类型和风险偏离度上。

表 5 - 3 知情委托人契约提议实验结果

制度情境	委托人行为策略			代理人行为策略	
	好契约（次）		坏契约（次）（风险偏离度均值%）	签约率（%）	努力水平（均值）
	主动	被动			
无声誉	10	7	42（-42%）	98	0.319
有声誉	2	7	43（-43%）	86	0.483
身份互换	8	15	36（-37%）	98	0.269

在契约提议博弈中，我们首先关心签约率的情况，这是衡量制度效率高低的直观指标。从表 5 - 3 中可以看到，在无声誉和身份互换的情境下签约率较高，各自 60 期的实验中分别只有一次代理人拒绝契约的行为出现，而在有声誉的情境下签约率则相对较低，60 期实验中多达 8 次未能达

成契约。[①] 在所有达成的契约中，剔除被动型的好契约后，坏契约的比例很高，与之对应，代理人的努力水平（均值）除了在有声誉的情境中接近中值之外，其余两种情境都处于相对较低的位置，给我们一个初步的印象是拥有私人信息同时又掌握谈判控制权的委托人更偏好租金抽取，从而使资源配置效率无法处于令人满意的水平上。

　　将实际风险程度与委托人提议契约的类型结合起来加以考察，我们可以很好地理解委托人在博弈中的策略行为。在三种制度情境下，当实际风险程度为最低的 1 级时，坏契约比例皆为 0，但这很大程度上是实验设计使然，并非委托人"厚道"所致。随着风险程度的增大，坏契约的比例显著上升，尤其是在风险程度较高的 4、5 级时，几乎没有委托人愿意如实揭示风险并提议好契约（三种制度情境中坏契约累计 72 次，好契约只有 3 次）（如图 5－1 所示），这一结果表明，委托人在博弈中的策略空间越大就越是倾向于利用对自然状态（本实验中是契约面临的法律风险程度）事先知情的优势攫取信息租金。尤其是在声誉机制可能起作用的重复博弈中，代理人在 15 期实验中 8 次拒绝签约都未能改变委托人的行为更是强烈支持这种判断。无独有偶，身份互换情境中饱受委托人"掠夺"之苦的代理人在成为委托人后，也没有感同身受地表现得更为"厚道"一些，而是很快地融入了委托人角色并表现出强烈的趋同特征。

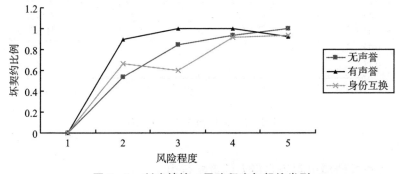

图 5－1　制度情境、风险程度与契约类型

---

① 当然，之所以签约率较高也可能与我们的实验设计有关。由于本实验刻画的是一个无短缺的劳动力市场，各时段中代理人只能面对一名委托人及其提议的契约，拒绝契约则意味着双方都是零收益，因而代理人倾向于接受契约，而把努力水平的选择及动态调节作为自己策略的主要着力点。

代理人在博弈中的策略行为主要体现在是否接受委托人提议的契约并选择愿意实施的努力水平。剔除未能达成契约的 10 期实验数据，三种制度情境下代理人努力水平的均值如图 5 - 2 所示。总体来看，代理人的平均努力水平主要分布在 0.2 ~ 0.6 之间，且在 15 期实验里基本保持稳定。有声誉情境中的努力水平最高，多数处于 0.4 ~ 0.6 区域，并且各时段之间的波动性也最为明显，一个合乎逻辑的解释是在重复博弈中代理人试图建立良好的声誉，因此选择较高的努力水平以示合作的诚意。但是如果委托人提议坏契约，代理人就采用针锋相对（tit for tat）策略，在下一个时段降低努力水平对其进行惩罚甚至是直接拒绝契约，这种解释在实验结束后对被试的询问中得到了证实。在无声誉和身份互换情境中，努力水平相对较低，基本分布在 0.2 ~ 0.4 区域且波动较小，前一种情况可能是因为在单次博弈中代理人无须顾及声誉，为了控制成本增加收益，实施低努力水平顺理成章；但是后一种情况被试在从委托人转变为代理人后其努力水平不升反降则与我们事先认为可能存在"移情"效应的预期有较大差异。①

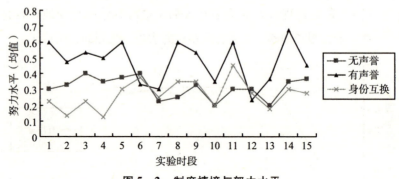

图 5 - 2　制度情境与努力水平

1. 无声誉情境中契约当事人的策略行为

在标准委托—代理问题中，委托人需要在租金抽取与资源配置效率之间

---

①　我们直观地认为身份互换会使之前有委托人经历的代理人更倾向于提供较高程度的努力以示合作诚意，实验结果恰好相反，他们以低努力应对委托人可能的"不厚道"来寻求自保。而有趣的是，有代理人经历的委托人却提出了更多的好契约，同时坏契约的风险偏离度也明显降低。

做出权衡，设计满足代理人参与约束与激励相容约束的契约。应该说，在非标准信息分布的契约提议博弈中，无声誉机制是一种有利于契约提议人的制度情境。由于委托人拥有私人信息并且掌握了谈判控制权，提出要么接受、要么走人（take-it or leave-it）的契约，在无重复的单次博弈中，其就有激励向代理人隐瞒契约执行过程中的外部风险（当然此处的风险是指可控的法律风险而非不可预见的市场风险），以便减少需要支付给代理人的风险补偿，提高自己的支付水平，实质就是抽取信息租金。也就是说无声誉机制下，委托人倾向于提出坏契约而非好契约。

从图 5-3 中可以看出，在无声誉情境中委托人没有一如理论预期那样总是提议坏契约，在总计 60 次的实验中，有接近 30% 的契约类型属于好契约，其中 17% 是委托人在有策略空间的情况下如实提示风险。[①]

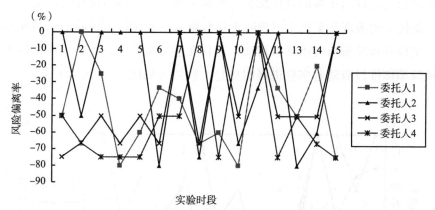

图 5-3 无声誉情境中委托人的策略行为

从图 5-4 可以看出，在无声誉机制下，罕有代理人拒绝契约的情况发生（仅有的一次放弃签约还是在实验的最后时段而非中间阶段出现的），但代理人的努力程度处于较低水平（均值为 0.313），并且在整个实验中，随着时间的推移明显出现不断下降的趋势。

---

① 只要实验中随机出现的实际风险程度不是最小值，委托人就有操纵的空间。

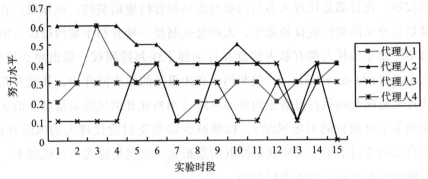

图 5 - 4 无声誉情境中代理人的策略行为

2. 有声誉情境中契约当事人的策略行为

在声誉机制可能起作用的重复博弈中，委托人和代理人的策略行为应该比无声誉时表现出更强的合作意愿，实验结果对这一推测没有提供支持。

委托人的表现甚至比无声誉时更没有诚意，如实提示风险的次数屈指可数，契约的风险偏离度也略微增加，并且在整个实验中，委托人所提议契约的风险偏离度没有随着实验进展明显趋于收敛（如图 5 - 5 所示）。

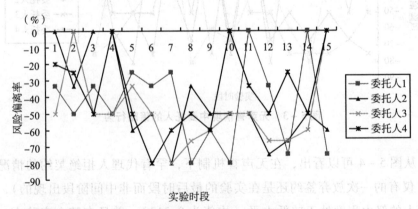

图 5 - 5 声誉情境中委托人的策略行为

与委托人的缺乏合作欲望相比，代理人在声誉情境中则表现出比较强的合作意愿，其平均努力水平明显提高，甚至有多人次提供百分之百的努力水平（如图 5 - 6 所示）。

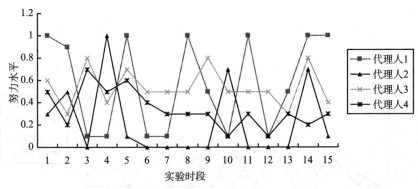

图 5 - 6 声誉情境中代理人的策略行为

3. 身份互换情境中契约当事人的策略行为

我们之所以在实验中设计身份互换情境，目的在于考察角色互换之后能否引发被试的同情共感，从而在博弈中显示出更强的合作倾向。有趣的是，实验中委托人和代理人的行为背道而驰，出现较大的分化。

之前有代理人经历的委托人，明显地更愿意与代理人合作，具体表现就是提出较少的坏契约，风险偏离度也是三种情境中最低的（如图 5 - 7 所示）。

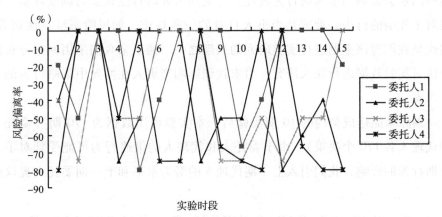

图 5 - 7 身份互换情境中委托人的策略行为

然而,之前有委托人经历的代理人,则普遍在实验中提供了极低的努力水平,角色互换之后的"同情共感"或移情效应并没有出现(如图5-8所示)。①

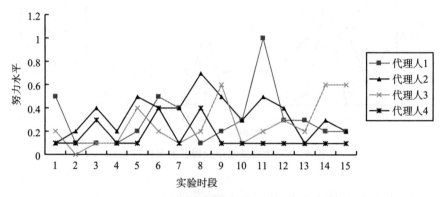

图5-8　身份互换情境中代理人的策略行为

三、委托人知情下契约当事人策略行为的影响因素分析

在契约提议博弈中,一旦信息分布偏离标准状态,即委托人拥有私人信息,双方当事人的策略行为与博弈均衡都可能会发生较大变化。那么,究竟哪些因素会影响当事人的行为理性:是契约所处的自然状态与制度环境,还是对手先前的行为,抑或是当事人自身的一些特质,如风险态度、性别等,这也是我们对该主题进行实验研究的兴趣之一。接下来我们采用回归分析的方法对实验数据进行深入研究,力求找到影响当事人在博弈中策略行为的关键因素。

剔除未能达成契约的10期实验后,本实验可用数据为170期(委托人和代理人各170个决策)。由于委托人和代理人的策略行为可能受到对手上一期行为的影响,我们引入上一期代理人的努力水平和上一期委托人提议的

---

① 当然,这可能是另外一种意义上的"同情共感",即自己做老板时对雇员不够"厚道",这种信念会有持续的影响,一旦自己做雇员就会先验地认为老板也不会善待自己,通过实施低努力来进行自我保护。

契约类型这两个解释变量，需要剔除三种制度情境中各实验组第 1 期的实验数据（共计 12 期），这样我们实际使用 158 期的实验数据进行回归分析。

（一）委托人策略行为影响因素分析

1. 变量定义与描述性统计

（1）因变量。

实验中委托人的决策实际包含两个方面的内容：是否在契约中如实提示风险，一旦决定不如实提示则需要选择一个具体的提示值。这样，我们分别用委托人提议的契约类型和风险偏离度作为因变量，前者使用 Probit 模型，当委托人如实提示时（好契约）取值为 0，虚假提示时（坏契约）取值为 1；后者使用 OLS 模型来确定影响委托人策略行为的关键因素。

（2）解释变量。

实际风险程度决定了委托人的策略空间，对其是否如实提示以及在多大程度上虚假提示有直接的影响，具体为五值的离散变量；代理人的努力水平体现其合作诚意，委托人在决定契约提议类型和风险偏离度时，会把代理人在上一期的努力水平作为参考，具体为十值的离散变量；制度约束人的行为，在单次博弈和重复博弈中，当事人的行为可能因声誉机制的缺失或存在而表现出较大的差异，无声誉时取值为 0，有声誉时取值为 1，身份互换时取值为 2；当事人的风险态度影响其倾向于合作互利还是损人利己，风险规避取值为 0，风险中性取值 1，风险偏好取值为 2；此外，性别因素对当事人的策略行为也会有一定影响，故在回归模型中加以考虑，女性取值为 0，男性取值为 1。因变量与解释变量的含义与描述性统计结果如表 5－4 所示。

表 5－4　　　　　　　　　　　变量含义及描述性统计

变量	变量含义	样本量	均值	标准差	最小值	最大值
$contract_t$	本期契约类型	158	0.7215	0.4497	0	1
$riskdev_t$	风险偏离度	158	−0.4047	0.3002	−0.8	0
$effor_{t-1}$	上期努力水平	158	0.3506	0.2332	0.1	1
$risk_t$	本期实际风险	158	3.0823	1.4141	1	5

变量	变量含义	样本量	均值	标准差	最小值	最大值
institution	制度情境	158	1	0.8370	0	2
riskattitude	风险态度	158	1.2975	0.4586	1	2
gender	性别	158	0.5633	0.4976	0	1

2. 回归分析结果

在契约提议博弈中，契约类型和风险偏离度是体现委托人策略行为的两个方面，我们采用相同的解释变量，分别以契约类型为因变量进行 Probit 回归和以风险偏离度为因变量进行 OLS 回归，结果如表 5－5 所示。

表 5－5　　　　　　　　　　委托人策略行为的影响因素分析

自变量/ 常数项	契约类型（Probit 回归）			风险偏离度（OLS 回归）		
	Coef.	Std. Err.	z－Stat	Coef.	Std. Err.	t－Stat
_cons	－ 0.8555	0.6482	－ 1.32	－ 0.1291	0.0912	－ 1.42
$effor_{t-1}$	0.9223	0.6749	1.37	－ 0.4912	0.0870	－ 0.56
$risk_t$	0.8167 ***	0.1218	6.70	－ 0.1276 ***	0.0137	－ 9.31
institution	－ 0.3352 *	0.1832	－ 1.83	0.0446 *	0.0250	1.79
riskattitude	－ 0.4211	0.3858	－ 1.09	0.0323	0.0528	0.61
gender	－ 0.2802	0.4161	－ 0.67	0.0858	0.0537	1.60
n	158			158		
R^2	Pseudo R^2 = 0.4205			Adj R^2 = 0.3702		

注：变量定义同表 5－4，*** 、* 分别表示在 1%、10% 的统计水平上显著。

虽然所用因变量不同，但两组回归分析得出了较为一致的结论，即在委托人拥有私人信息的契约提议博弈中，制度环境和实际风险程度两个解释变量对于委托人的策略行为有着显著的影响。其中，制度情境变量在 10% 的统计水平上显著，即从无声誉－有声誉－身份互换的制度情境转换中，委托人倾向于减少提议坏契约并略微降低坏契约的风险偏离度，这可能是由于声誉机制起作用以及身份互换后的同情共感对委托人的行为产生了微妙影响，委托人策略行为中的合作意愿在增加，假设 5 – 1 没有被拒绝。[①] 而实际风险程度变量则在 1% 的统计水平上显著，即契约的实际风险越大，委托人越是倾向于提议坏契约并选择较大的风险偏离度，以便能够最大限度地抽取信息租金，假设 5 – 2 得到证实。有趣的是，代理人之前的努力水平虽然对委托人的策略行为有较大影响，例如促使委托人提议好契约，并降低坏契约的风险偏离度，但是这种影响在统计意义上是不显著的，假设 5 – 2a 没有得到证实。此外，风险态度和性别因素的影响也与努力水平的情况类似。

（二）代理人策略行为影响因素分析

1. 变量定义与描述性统计

（1）因变量。

博弈中代理人的策略行为主要体现在接受委托人提议的契约之后，从闭区间 [0.1, 1] 内选择一个努力水平，究竟哪些因素会对其选择产生实质性的影响，我们采用 OLS 模型来加以分析。

（2）解释变量。

鉴于契约的实际风险会放大代理人实施特定程度努力的成本，那么其在选择努力水平时势必会考虑委托人本期提示的风险程度，因为委托人提示的风险程度越大，与实际风险的差值就越小，代理人的潜在风险也就越小，反之则相反；委托人提议好契约还是坏契约体现其合作诚意，代理人在决定是否接受契约以及选定努力水平时，会把委托人在上一期提议的契约类型作为参考；制度情境、风险偏好与性别等变量的解释同前文。因变量与解释变量的含义与描述性统计结果如表 5 – 6 所示。

表 5 – 6			变量含义及描述性统计			
变量	变量含义	样本量	均值	标准差	最小值	最大值
$effort_t$	本期努力水平	158	0.35	0.2310	0.1	1

[①]　身份互换时的同情共感可以直观地理解成曾经受雇于人者，在自主创业成为老板后，念及过去的经历，会对自己的雇员少一些苛责，多一分真诚。

续表

变量	变量含义	样本量	均值	标准差	最小值	最大值
$risk_t$	本期提示风险	158	1.5506	0.8412	1	5
$contract_{t-1}$	上期契约类型	158	0.7278	0.4465	0	1
$institution$	制度情境	158	1	0.8370	0	2
$riskattitude$	风险态度	158	1.1772	0.3831	1	2
$gender$	性别	158	0.4367	0.4976	0	1

2. OLS 回归分析结果

我们对代理人努力水平的 OLS 回归分析，在考虑制度情境和不考虑制度情境两种情况下分别进行，回归方程（1）考虑制度情境，（2）、（3）和（4）则分别对无声誉、有声誉和身份互换等三种制度情境中的数据分别展开分析，具体结果如表 5-7 所示。

表 5-7　　　　　　　代理人努力水平的影响因素分析

自变量/常数项	(1)	(2)	(3)	(4)
_cons	0.1350 ** (0.0720)	0.2677 *** (0.0504)	0.5051 *** (0.1596)	0.0059 (0.0907)
institution	−0.0339 (0.0237)			
riskattitude	0.1555 *** (0.0237)		0.0889 (0.1002)	0.0880 (0.0603)
gender	−0.0310 (0.0451)	−0.010 (0.0440)		0.1106 ** (0.0613)
$riskoffer_t$	0.0396 ** (0.0214)	0.0292 (0.0262)	0.0164 (0.0564)	0.0398 (0.0269)
$contracttype_{t-1}$	0.0248 (0.0409)	0.0142 (0.0442)	−0.0969 (0.1343)	0.0231 (0.0501)
n	158	55	48	55
$Adj\ R^2$	0.0588	0.0000	0.0000	0.1270

注：变量定义同表 5-6，*** 、** 分别表示在 1%、5% 的统计水平上显著。括号中数值为标准误。

表5-7中回归分析的结果显示，制度情境变量对代理人的努力水平有一定的影响，但这种影响缺乏统计意义上的显著性，这与描述性统计的结果形成较大差异，假设5-1a被拒绝。对代理人努力水平有显著影响的是本期委托人提示的风险程度和代理人的风险态度两个解释变量，分别在5%和1%的统计水平上显著，这表明委托人提示的风险越大，代理人提供的努力水平就越高。对此，一个合乎逻辑的解释就是越高的提示风险意味着其越接近真实风险值（因为理性的委托人总是按照提示风险≤实际风险的原则来提议契约，提示的风险越大，可能的风险偏离度就越小，代理人的潜在风险也就越小），从而越能体现委托人的合作诚意，作为回报，代理人就愿意提供较高的努力水平，假设5-3被证实。当然，代理人究竟选择高努力还是低努力还与自身风险态度有关。由于对契约的实际风险不知情，为了避免在委托人提议坏契约而自己实施高努力时面临的个人成本，代理人应当实施较低的努力水平，然而回归结果显示，相对于风险规避和风险中性来说，风险偏好的代理人更愿意实施较高的努力水平，尽管这意味着可能会因被委托人"欺骗"而付出额外的成本，假设5-4得到证实。此外，委托人在上一期提议的契约类型以及性别等变量也都对代理人的努力水平没有显著影响，假设5-3a没有得到证实。

由于制度情境变量的影响不显著，接下来我们在模型中予以剔除，仅对各制度情境中的数据分别进行回归分析［详见表5-7的（2）、（3）、（4）列］。在无声誉情境中，由于委托人皆为风险中性，因而出现了风险态度为单值变量的情况，故在模型中剔除。在有声誉的设置下，风险态度变量与性别变量之间出现了共线性问题，原因在于变量取值过少的偶然相关，而非变量之间有内在逻辑关系，因此将风险态度变量予以剔除（与剔除性别变量效果一样）。回归结果显示除了身份互换时性别变量对努力水平的影响在5%的水平上显著之外，其余情况下所有变量的影响都不显著。[①]

---

① 女性由委托人变为代理人后倾向于提供高努力水平，可能是因为女性相比男性更为感性，更容易出现同情共感所致。

小　结

本章对经济与社会生活中常见，但是学术界却缺乏足够关注的一类委托—代理问题——知情委托人的契约提议进行了实验研究。当委托人拥有私人信息时，契约提议博弈的时序会发生变化，我们则更关心当事人的策略与行为取向是否也会出现不同于标准范式的较大变化。

在标准信息分布的契约提议博弈中，委托人需要在资源配置效率与租金抽取之间进行权衡，并提供足够的激励诱使代理人显示私人信息（直观地理解就是实施高努力），从而实现资源配置次优的均衡状态。我们的实验结果表明，一旦委托人对自然状态（实验中以契约的法律风险来刻画）私人知情，就会在提议契约时通过隐瞒该信息而抽取信息租金，策略空间越大时这种倾向就越强烈。具体表现就是，在实验中委托人的策略行为自始至终没有出现向如实揭示私人信息（也就是实际风险程度）的收敛，即便是在声誉机制可能起作用的重复博弈中以及考虑可能的同情共感效应的身份互换设置下，都没有出现大的变化。这么做的直接结果，就是代理人也不愿意付出高努力，从而导致一个理想的资源配置效率无法实现。

当然，相对于委托人而言，实验中代理人的表现更具合作性，尤其是在有声誉的设置下，其努力水平的均值达到了中值水平，为三种情境中的最高值。而在身份互换设置下，代理人的合作意愿被曾经的委托人经历所挤出，其努力水平处于三种情境的最低状态，我们所期望的同情共感效应并没有在实验中出现。

此外，委托人在拥有私人信息时往往更看重信息租金的抽取，而非资源配置效率的实验结果带给我们一个重要启示，使我们能更深刻地理解 LLSV 所关注的第二类代理问题为何会产生这样一个基础性的理论问题。在股权集中的公司情境中，掌控公司重大决策（包括 CEO 选聘）的控制性大股东是事实上的内部人，其利益诉求会出现不同于外部中小股东的变化，从而有着强烈的激励与 CEO 所代表的管理层共谋，进行自利性决策以及关联交易，这些活动从社会的角度看既不利于资源配置效率的提高，又侵害了中小股东的合法权益。

　　总体来说，研究知情委托人契约提议问题，有助于我们更好地理解信息结构与共谋问题的逻辑关系，并为下一步着手研究剥夺型共谋防范问题提供前导性的支持。

第六章

部分委托人知情下的
共谋防范实验研究

委托—代理关系中的标准信息分布滋生了第一类代理问题，即委托人与拥有私人信息的代理人之间存在着利益冲突。然而，随着私人信息分布节点的前移，知情委托人的存在使得委托—代理中的利益关系出现了不同于标准理论的变化，尤其是只有部分委托人知情时，委托人群体会发生分化，从而衍生出第二类代理问题，具体到公司情境中就是知情的控股股东与中小股东之间的利益冲突，前者会与管理层共谋对后者进行剥夺，此时传统的内外部监督机制不再起作用。

第一节　部分委托人知情的一般模型

在公司情境的委托—代理关系中，委托人（股东）往往是一个群体，该群体在行为上的一致性程度由成员各自的偏好与信念所决定。当然，偏好与信念不是外生给定的，而是内生于信息条件，并且受到委托人对投入—回报公平度与满意度心理感知的影响。

一、委托人不知情时的偏好与信念

代理人拥有私人信息而委托人不知情，是标准委托—代理理论对当事人信息分布所作的基本假定，现在我们在公司情境中分析此种信息结构下当事人的偏好与信念，作为接下来研究部分委托人知情时的比较基准。

假定一股权分散型的公司，有 n 个股东，持股比例分别为 $S_i(i=1, 2, \cdots, n)$，任意一个股东或者几个股东联合起来都无法控制公司。由于没有控制性股东的存在，公司的控制权与剩余索取权完全分离，管理层事实上掌控着公司，股东们作为外部人所获得的公司信息基本上是相同的。① 我们将公司宣告的税后盈余设定为 π 并全部分配给股东，进一步地，令 $\omega_i = \varphi(x_i, y_i)$ 表示股东的偏好与信念，其中 x 表示股东的信息，y 是股东对投入－回报公平度与满意度的感知。事实上，在股权分散时，股东们的信息和对投入－回报的心理感知基本相同，从而偏好与信念 $\omega_i \equiv \omega$，体现在公司博弈中就是都奉行"分享策略"，即全体股东按照持股比例分配剩余，各自的收益具体表达为 $R_i = \pi \cdot S_i$。如此一来，股东们的实际收益不仅取决于公司的业绩，更取决于管理层宣告的盈余水平。股东处于信息劣势，管理层在道德风险之下就会虚假宣告盈余规模，为自己的机会主义行为留下操作空间，从而损害股东利益，此时公司的主要矛盾是股东群体与管理层之间的对立与冲突，股东们的利益则是一致的。

当然，由于参与公司治理、积极行使监督权对股东而言是有成本的，并且持股比例太低导致这种成本甚至可能高于潜在收益，因而所有股东都没有激励去积极行使股东权利，而是搭别人的"便车"并坐等分红。

二、部分委托人知情时的偏好与信念

在本书第五章我们讨论了委托—代理关系中信息不对称分布的另外一种

---

① 当然，股东们在搜集公司信息上所做的努力不完全相同，拥有的信息也就会存在差异，此处为简化分析，将股东们在信息维度上做同质化对待。

情况，即私人信息处于委托人节点时的契约提议博弈，现在将委托人私人知情的信息结构做进一步的延展，在同一委托—代理关系中的多个委托人之间，也会出现信息的不对称分布。具体到公司情境，一个直接表现就是控股股东与中小股东源于对公司控制力不同而在信息持有上的差异，其根源可以从股权结构上寻找线索。

就全球范围来看，除了英国和美国的公司以分散型股权结构为主之外，其他国家的公司则更多是以集中型股权结构为主，即有控股的大股东存在，我国目前也是这种情况。控股股东由于持股比例较高，利益份额较大，对公司事务的影响力远较中小股东更大，往往通过控制公司董事会成员和高管人选，实现对公司决策与运营的控制。

如此一来，股东群体就会裂变为以控股股东为代表的知情内部人（P^I）和以中小股东为代表的不知情外部人（P^N），那么，在影响股东偏好与信念的信息维度上，控股股东与中小股东就会出现差异。仍以前述的 n 人公司为例，假定第 k 个股东是控股股东，其余为中小股东，则 $S_k \neq S_i (i = 1, 2, \cdots, k-1, k+1, \cdots, n)$。正如第五章的实验结果表明，委托人在有私人信息时，其行为策略会倾向于抽取信息租金，即便从社会福利的角度讲此举是有损资源配置效率的。

此外，控股股东的存在，能在一定程度上解决股权分散时股东集体"搭便车"的问题，从而有助于改善公司治理状况，缓解第一类代理问题，使得全体股东受益。[①] 但是，由于控股股东对公司业绩的边际贡献明显大于中小股东，其对投入－回报公平度与满意度的心理感知也会出现不同于中小股东的变化，即 $y_k \neq y_i (i = 1, 2, \cdots, k-1, k+1, \cdots, n)$，因此很难继续满足于仅仅根据持股比例获取对盈余的索取，而是有更多的利益诉求。[②]

由于上述两方面的原因，控股股东的偏好与信念会出现不同于中小股东

---

① 因为在公司中的利益巨大，控股股东参与治理的激励较强，并且其积极行动能带来控制权共享收益。

② 我们认为相比中小股东的坐等分红，控股的大股东可能为公司的运营付出更多的努力，仅以持股比例作为对公司盈余进行分配的依据是一种静态考量，没有考虑资本投入后各股东对公司业绩的边际贡献，因而简单地要求同股同权有失公允。

的变化，即 $\omega_k \neq \omega_i (i = 1, 2, \cdots, k-1, k+1, \cdots, n)$，在公司中就会奉行"掠夺"策略而非"分享"策略。因此，我们便不难理解在股权集中型的公司当中，会出现约翰逊等学者（2002）所认为的"隧道效应"现象，即控股的大股东（或家族），通过一系列经营性或金融性的手段对中小股东的利益进行掠夺，尽管这种掠夺不利于公司与证券市场的长远发展。

具体来看，仍以盈余分配为例进行说明，控股股东在进行盈余分配之前，可以利用掌控公司的优势，操纵信息发布，将盈余"蛋糕"的一部分隐藏起来，如盈余为 $\delta(\delta > 0)$，仅就剩余的 $\pi - \delta$ 部分与中小股东共享。这样一来，在"蛋糕"没有做大同时分配方案也没有变化的情况下，通过利用中小股东不知情的信息优势对其进行剥夺，控股股东即可改善自己的福利。此时，两类股东的收益即变化为：

控股股东 $\mathrm{P^I}$ 的收益　$R_k = (\pi - \delta) \cdot S_k + \delta - c$

中小股东 $\mathrm{P^N}$ 的收益　$R_i = (\pi - \delta) \cdot S_i$　$(i = 1, 2, \cdots, k-1, k+1, \cdots, n)$

当然，控股股东对中小股东的掠夺需要获得管理层乃至监督机制的配合，通过多方共谋才能实现，尽管这需要控股股东付出一定的成本 $c(c < \delta)$，但并不难实现，尤其是在我国转型经济的背景下更是如此。同时，由于控股股东是主要参与人，相比监督型共谋来说，剥夺型共谋更难以被有效地防范。

第二节　防范剥夺型共谋的制度安排

尽管集中型的股权结构是造成第二类代理问题、滋生剥夺型共谋的根源，但是目前我们似乎没有可行的办法能在短时间内加以解决，相应地也就无法改变控股股东相对于中小股东的信息优势，加之现行公司法律对于股东剩余索取的认定规则也无法获得控股股东的认同，其偏好与信念中的"掠夺"成分将无法根除。因此，我们只能考虑从制度环境的建设与完善方面入手，加强对中小股东的保护。本节我们具体讨论外生惩罚机制与类别股东表决机制这两种投资者保护的制度安排，前者是由第三方提供的保护，后者则是为中小股东自我保护提供机会。①

一、外生惩罚机制与剥夺型共谋防范

惩罚机制属于投资者法律保护的范畴，其防范剥夺型共谋的机理在于通过第三方对控股股东与管理层之间的共谋行为进行惩罚，使得共谋的风险加大，潜在成本提高，从而在一定程度上抑制其掠夺的欲望，力度大小则直接体现了对中小股东的保护程度。② 当然，更长远一点来看，法律环境会影响控制权私人收益的规模，从而决定了股权结构的均衡演化，这是解决第二类代理问题，防范剥夺型共谋的终极意义所在。

(一) 制度的内生演化与外生建构

大量的研究表明，在股权集中型的经济体中，尤其是那些转型经济国家，剥夺型共谋现象大量存在的一个很重要的原因是制度尤其是法律制度未能给予投资者以足够的保护，从而鼓励了公司控股股东与管理层联合起来对中小股东进行掠夺。

制度是约束人的行为，从而降低社会交往中不确定性的一组正式和非正式的规则及其执行安排，界定了社会尤其是经济的激励结构。③ 就制度的起源来看，主要有两个途径：一个是自发路径，即在长期的社会发展中通过渐进式反馈和调整演化而来，这种制度也被称为内生制度；另一个则是建构路径，即制度是设计出来的并明确地存在于法律和规则之中，通过政府的权威与强制力自上而下的强加实施，这种制度也被称为外生制度。当然，外生制度的有效性在很大程度上取决于其与内生制度是互补还是挤出，如司法体系是否支持社会的道德、文化习俗、惯例和礼貌等。

制度的关键功能是增进秩序，具体则是通过对群体成员的违规行为进行

---

① 第三方可以是法院、证券监管部门，或者其他规制机构。

② 当然，在股权分散的公司情境中，外生惩罚机制也能制约管理层机会主义行为，从而对于防范第一类代理问题中的监督型共谋也是有意义的。

③ 该定义根据施穆勒（Schmoller, 1900）和诺斯（North, 1990, 1994）等的观点整理。

惩罚而实现，并且内生制度与外生制度的作用形式各有不同。内生制度主要是横向地运用于平等的主体之间，根据其实施惩罚的方式，可分为非正式内生制度和正式内生制度两类，前者主要包括习惯、规则、习俗和礼貌等，其施加的惩罚都是自发实现的，后者关于惩罚的规定和实施都是有组织的并由第三方加以实施。[①] 而外生制度总是隐含某种自上而下的等级制，包括外在的行为规则、具有特殊目的的指令以及程序性规则等形式，主要通过警察、法院以及监狱系统等机关施加惩罚，并且永远是正式惩罚。外生制度通常作为必要的强制性后盾服务于社会的内生制度，也可以取代内生制度，但这种替代必须限制在适度的范围内，否则就会出现问题。

（二）外生惩罚机制防范剥夺型共谋的机理

共谋防范实质上是个机制设计问题，具体的制度安排可以是外生制度，也可以是内生制度，但更多的还是二者协同起作用。

结合本章所研究的剥夺型共谋问题来看，正如前文所分析的，控股的大股东其偏好与信念之所以会由"分享"变为"掠夺"，一个很重要的诱因在于其通过掌握公司控制权而获得的信息优势。那么，强化信息披露，增加公司透明度即是一个合乎逻辑的制度反应。以媒体为代表的第三方信息中介，通过对公司的新闻报道，将更多的公司信息传递给利益相关者并引发广泛的舆论关注，经由声誉机制和市场机制对公司控股股东、高管的行为产生影响，迫使其改变违规行为，或者推动政府部门有所作为。声誉机制是典型的非正式内生制度，其实施的惩罚一般不会诉诸强制力，然而一旦引发政府部门的行动，就显然会依赖外生制度的作用。

尽管声誉机制对于防范剥夺型共谋有一定的作用，但是由于刻画实验存在一定难度，本研究还是更多地关注外生惩罚机制的作用，而将对第三方信息中介在防范共谋中作用的考察留待以后研究。

鉴于目前我们无法根除驱使控股股东偏好与信念变化的深层原因，那么

---

① 例如，一个商人会因销售假冒伪劣产品或者经常缺斤短两而丧失声誉，进而失去顾客或者生意伙伴。这就是内在的自发惩罚；中国足协将打假球或者赌球的俱乐部逐出联赛就是正式的内在惩罚，无须依赖政府手段。

对其与管理层共谋所进行的剥夺行为施加外生惩罚，加大共谋的风险，降低共谋的期望收益，从而对冲其"掠夺"欲望，不失为一种现实的选择。

(三) 外生惩罚机制的类型

外生惩罚机制实际上就是我们人为设计的一套规则，对违规行为进行相应的处罚。针对控股股东和管理层联手违规行为的处罚，适用的惩罚机制涉及《刑法》《民法》以及《证券法》等一系列法律制度与其他规章条例，由证券监管部门、法院等政府机构负责实施。具体来看，外生惩罚机制可以采取很多种形式。

1. 法律机制

对于共谋活动中情节严重、性质恶劣、极大地扰乱证券市场秩序且触犯刑律的，可以依法追究共谋当事人的刑事责任，视情节分别处以管制、拘役、有期徒刑、无期徒刑甚至死刑等刑罚。刑事处罚相对比较严厉，且很多时候当事人是代表组织在行事，因此国内外针对控股股东和管理层共谋剥夺中小股东利益的行为，施以严酷刑罚的判例并不多见，主要的处罚形式还是以民事处罚为主，如对共谋当事人或单位没收违法违规所得，并相应地处以违法所得一定倍数的罚金。同时，对利益受损的中小股东启动补偿程序，进行民事赔偿。

2. 行政机制

鉴于对共谋当事人的行为存在一个组织责任还是个人责任的认定问题，除了前面的诉诸法律的处罚之外，还可以对违法违规行为涉及的有关领导进行撤职降职等处分，以及证券监管部门对其实行证券市场禁入（包括有限期禁入和终生禁入），取消从业资格，甚至取消公司的融资和再融资资格等。

3. 声誉机制

此外，还可以对违规公司以及控股股东和高管进行公开谴责、批评，实际上是声誉机制在发挥作用，这是典型的内生制度，但是却不是自发实施的，而是由监管部门作为第三方强加施行，因此我们将其列在外生惩罚机制当中。

本研究所考虑的外生惩罚机制实质上是一种抽象意义上的民事机制，主要是以一定的概率发现控股股东与 CEO 的共谋行为，并进行相应的经济处罚，具体实施人则由计算机虚拟。

二、类别股东表决机制与剥夺型共谋防范

在我国转型经济的背景下，制度的实施往往缺乏有力保证，外生惩罚机制在保护中小股东利益上的实际效果不够理想且短时间内难以有实质性改变，相比之下，推行类别股东表决机制，给中小股东提供自我保护的机会，则是更为现实和强力的制度安排。

（一）类别股份与类别股东表决

1. 类别股份的含义与界定

从现象上讲，类别股东表决制度的产生源于股份公司存在着类别股份，如普通股与优先股、记名股与无记名股、有面值股与无面值股、有表决权股与无表决权股等；而就本质而言，则是源于不同种类股份之间权利和义务的差别，并且这种差别的内涵非常丰富，既可以是权利的有无，也可以是权利范围的大小、行使的优序等。如普通股与优先股虽同为公司股份，但在公司决策参与、股利分配、股份认购与破产清偿顺序等一系列权利上存有较大差异，相应的风险和收益也有不同：优先股没有投票权，但是优先获得固定分红和（破产）剩余财产清偿，风险较小；普通股承担较大风险，但可以通过行使投票权参与公司决策并享有全部剩余索取权，一旦公司经营良好，回报可能远高于优先股。

从上述意义而言，类别股份并非简单地就现象来区分，泛指不考虑分类标准的任何不同种类股份，而更主要是从本质上来界定，指在财产权和控制权等一系列权利方面存有明显差别的不同股份。①

当然，需要强调的是，类别股份的确定并非静态的过程，其具体范围应

---

① 既涉及自益权，也涉及共益权。

当根据公司议决事项所涉及利害关系的性质和范围进行动态调整，同时一国法律如何规定也直接起着决定作用。

2. 国内外公司法关于类别股份的规定

就全球范围来看，许多国家的公司法都允许公司同时发行普通股与优先股、劣后股与混合股、有面值股与无面值股、无表决权股与复数表决权股、转换股与非转换股等多种股份。例如，美国《示范公司法》第 6.1 节规定公司章程授权发行不止一种类型和系列的股份、《特拉华州公司法》第 5.29 节第 1 条规定每个公司均可发行若干个类别的股份；《日本商法典》第 222 条允许公司就盈余分配、股利分配、剩余分配、以盈余回购注销股份等事项发行具有不同内容的股份，从而导致有限股、劣后股及偿还股等类别股份的存在；《韩国商法典》第 344 条规定公司注册资本的一部分必须为由公司章程规定种类的特别股；《法国商事公司法》第 156 条也有关于类别股份规定的条款。

国内涉及类别股份的公司立法主要有：《台湾"公司法"》第 156 条规定：股份有限公司之资本，应分为股份，每股金额应归一律，一部分得为特别股，其种类由章程定之；《香港公司条例》第 63A 条、第 64 条规定：涉及公司章程未授权的股东权利更改事项，须由类别股东表决同意等。大陆的公司法则没有相关条款，公司股份也都为普通股，且流通股与非流通股的分置并非由立法产生，而是历史原因造成的非常态性的类别股份。

3. 类别股东与类别股东表决机制

对于类别股东的界定，可以有狭义与广义之分。狭义上说，类别股份的持有人即为类别股东；在广义上，也可以根据与某议决事项利害关系的不同，而非所持股份的类别为依据来划分，例如，在就关联交易事项进行议决时，关联股东之外的其他无利益关系股东即是类别股东。

类别股东表决制度是指对于涉及类别股东重大利益（增、减或变动）的议案，除了须经全体股东大会表决通过之外，还须经由类别股东大会表决通过的制度安排，很多国家和地区的公司法均有类似的制度规定。

由于不同种类的股份在权利设置上存在着较大差别，使得公司在依据章程规定或在章程无规定而依照董事会或股东大会决议行事时，存在着故意损害特定类别股东合法权益的可能，因此在股东就相应事项进行表决时有必要对该类别股东的合法权益予以保护，此为类别股东表决的法理基础。

所谓类别股东表决制度的实行看似与"同股同权"或"股份民主"的公司法理念相冲突，实际则不然，承认股东及其代表的股份在权利义务上的差别，同时借由类别股东表决机制来纠偏并发挥利益平衡作用，恰恰是对股份民主的尊重与实现。

（二）中外类别股东表决的立法与实践

1. 国外类别股东表决实践

由于不同类别的股份在权利内容上各具特色，公司在对相关事项进行议决时，需要对不同类别股东的利益加以考虑，并在表决程序上进行特殊安排。基于此，全球许多国家和地区的公司法都确立了类别股东表决制度。

在欧美国家，如《美国标准公司法》第 73 条第 2 款规定，凡是提议中有被包含在公司章程修改条款内的任何规定，或者类别股份被包含在股份交换行为中，则允许该类别股份按类别投票表决；《美国示范公司法》第 10.4 节规定，公司章程的修订行为如影响某种类股东或某系列股票持有人的利益，则应由该类股票持有人组成投票团体来进行投票；《欧盟公司法》第 5 号指令第 40 条规定，如果公司的股份划分为不同的类别，那么必须由全体受影响的各类股东分别表决并同意，股东大会的决议才能生效；此外，《德国股份公司法》《法国商法典》也有类似规定。

在亚洲，《日本商法典》第 345 条第 1 款和 346 条规定，对于公司发行数种股份的情形，在公司章程的变更将会有损于特定类别股东时，除应由股东大会议决外，还应由该类股东全体会议进行表决；《韩国商法典》对此也有相关规定。

2. 国内类别股东表决的实践

（1）国内类别股份的形成与公司治理问题。

在 2005 年 4 月 29 日中国证监会发布《关于上市公司股权分置改革试点有关问题的通知》之前，我国证券市场中的上市公司曾经存在类别股份，但结构相对简单，没有普通股与优先股之别，而是流通股和非流通股之分。^①上市公司的股权结构裂变为流通的社会公众股与非流通的国有股和法人股，这是我国证券市场特有的现象。据截至 2005 年 8 月的相关统计资料显示，我国证券市场中所有上市公司的股份总数为 7586.81 亿股，其中非流通股份数量为 4781.31 亿股，占股份总数的 63.02%，流通股份数量为 2805.51 亿股，约占股份总数的 36.98%，非流通股股份数占总股份数接近 2/3，而流通股股份数仅占总股份数的 1/3。^②

我国之所以会出现股权分置现象，主要是在证券市场设立之初由于意识形态、历史认识等原因，为了确保国有经济的主导地位以及把试点的可能的负面影响控制在最小范围之内，没有进行完全市场化操作，而是采取了具有浓厚计划经济色彩的做法，人为地割裂上市公司的股权结构，即国有资产按面值折股，社会公众溢价购入，但作为妥协，前者的股份只能在场外协议转移，而后者的股份可在二级市场公开交易，两种股份在流通属性之外的其他权利上则基本一致。

正是由于流通属性的差异，流通股和非流通股在定价机制上存在很大不同，流通股以业绩及未来的发展前景作为定价依据，非流通股则依据每股净资产来定价，从而导致两种股份缺乏共同的利益基础。同时，由于国有股和国有法人股股东依据控股地位掌握着公司事务的绝对话语权，成为事实上知情的内部人，而社会公众股股东则处于劣势，在公司各种重大决策上基本没有话语权。这样，占据控股地位的大股东就会与管理层共谋，通过操纵公司的各项重大决策侵害中小股东的合法权益，也就是 LLSV 所关注的第二类代理问题。

（2）国内类别表决机制的实践。

相对于内地，香港证券市场起步早、历史长，因而更为成熟，对投资者的保护也相对完善。在《公司收购、合并及股份购回守则》（2005 年 10 月修订版）收购准则的规则 2.2 和 2.10 里，就有"独立股东批准制度"，规定对于

---

① 有些公司则同时存在 A 股、B 股和 H 股，但仅是发行市场、发行对象、发行价格与发行币种不同，股份的权利与义务则基本相同。

② 数据来源于中国证券监督管理委员会：http://www.csrc.gov.cn/cn/homepage/index.jsp。

大股东及其一致行动人的有关动议，必须获得"类别股东"（无利害关系股份的持有人）的批准。就实质要件而言，一方面从正面要求必须获得出席类别股东大会股东所持股份投票权至少 75% 的同意；另一方面，从反面要求投反对决议的票数不得超过全部类别股份的 10%。就形式要件而言，则要求类别股东大会必须"适当地召开"，即程序应当公正合理。

香港《公司条例》第 64 条也规定，"公司之股本，如系区分为若干种不同之股份，而该公司之组织大纲或组织章程原规定授权改变某种股份之权益使异于他种股份之权益，但须照所定人数比率由此种股份持有人依比率表示赞同或经由各该股份持有人另行集会，通过议案，议决实施"。

我国台湾地区的所谓"公司法"则规定：公司已发行特别股者，其章程之变更如有损害特别股股东之权利时，除应有代表已发行股份总数 2/3 以上股东出席之股东会，在出席股东表决权过半数的决议之外，并应经特别股股东会之决议。

在我国内地的证券市场上，类别表决的最早应用可上溯至 20 世纪 90 年代初。监管部门的规范性文件中首次正式使用类别股东会议的概念是在 1993 年，随后明确了不同股份类型的含义，规定除普通股和优先股等股份类别外，人民币股和外资股也被视为不同类别股份（即 A 股、B 股和 H 股都为类别股份）。当然，作为移植香港法律的结果，这些关于类别股东会及类别股东权利的规定不适用境内上海和深圳证券交易所上市的股份公司，只是为了发行 H 股，必须符合香港联合证券交易所的公司治理要求而做出的特别规定和权宜之计。

A 股、B 股股东真正获得类别股东的待遇则是在 2002 年 7 月，但当时仅限于就公司的增发提案进行议决，应用范围还非常有限。使类别表决机制引起广泛关注的契机是 2003 年招商银行发行 100 亿元可转换债券事件，当时包括社保基金在内的 48 家机构投资者作为流通股的代表公开发表联合声明，谴责招商银行违法违规并严重侵犯流通股股东利益的行为。虽然方案最后得以通过，但却促成了类别股东表决制度作为保护中小股东权益的一项重要措施而大范围使用。

为了抑制滥用上市公司控制权，保护社会公众投资者的合法权益，2004

年 12 月 7 日中国证监会出台了《关于加强社会公众股股东权益保护的若干规定》，提出作为股权分置问题解决之前的一项过渡性措施，在上市公司向社会公众增发新股（含发行境外上市外资股或其他股份性质的权证）、发行可转换公司债券、向原有股东配售股份（但具有实际控制权的股东在会议召开前承诺全额现金认购的除外）；上市公司重大资产重组，购买的资产总价较所购买资产经审计的账面净值溢价达到或超过 20% 的；股东以其持有的上市公司股权偿还其所欠该公司的债务；对上市公司有重大影响的附属企业到境外上市；在上市公司发展中对社会公众股股东利益有重大影响的相关事项等五种情形下引入类别股东表决机制，经全体股东大会表决通过，并经参加表决的社会公众股股东所持表决权的半数以上通过，方可实施或提出申请。①

为了使规则能够落到实处，《关于加强社会公众股股东权益保护的若干规定》还规定了股东大会催告程序、对社会公众股股东的持股和表决情况的披露要求、股东大会网络投票制度和征集投票权制度四项配套措施，从而赋予了中小投资者对上市公司重大事项的发言权和表决权，完善了相关制度和措施。

类别股东表决的大规模应用则是在股权分置改革的进程中，中国证监会于 2005 年 4 月 29 日发布《关于上市公司股权分置改革试点有关问题的通知》，明确规定："临时股东大会就董事会提交的股权分置改革方案做出决议，必须经参加表决的股东所持表决权的 2/3 以上通过，并经参加表决的流通股股东所持表决权的 2/3 以上通过"。

从 2005 年 5 月 9 日启动第一批股改试点类别股东表决否决了清华同方的股改方案开始，至 2006 年 12 月 30 日全面股改第 64 批宣告基本完成，类别股东表决改变了一直以来上市公司中小股东在与大股东利益博弈中所处的弱势地位，各家上市公司股改对价支付最初方案到最终方案的变化证明了制度变革的效果。

随着股权分置改革的完成和全流通时代的到来，股份流通属性被人为割

---

① 资料来源：http://www.csrc.gov.cn/pub/newsite/ssb/ssflfg/bmgzjwj/ssgszl/200911/t20091110_167729.htm，中国证监会 2004 年 12 月 7 日证监发 [2004] 118 号文件。

裂的状态已不复存在，类别表决机制赖以存在的法律基础似乎已经消失，因此，有人认为类别表决机制应该相应地自然废止。我们认为，虽然股份的流通属性得到了统一，但是集中型股权结构下滥用控制权的做法却依然普遍存在，因此类别表决机制不应局限于流通股和非流通股分立情况下使用，而是应当作为对外部投资者保护的常态性制度安排存在。当然，全流通时代类别股份的界定需要采用其他的变通方法。

第三节　剥夺型共谋防范的实验设计与研究假设

一、剥夺型共谋防范的实验设计

（一）实验原理与实验内容

1. 实验原理

按照 LLSV 的逻辑，在集中型股权结构难以改变的情况下，防范剥夺型共谋，保护中小投资者的关键在于加强投资者的法律保护。考虑到我国转型经济的实际情况，相关法律、法规或者不够健全或者实施不力，法律环境的改善并非朝夕可就，然而证券市场和谐发展的要求使得加强投资者保护工作刻不容缓，因此在既有的法律框架内寻求补充性的制度改良不失为一种选择。例如，在股权分置改革过程中引入的类别股东表决与网络投票制度，在大股东操作股改方案设计的前提下，赋予中小股东对方案进行表决的权利，对抗以大股东为代表的公司内部人的信息优势，约束大股东和 CEO 的行为，保护中小股东的合法权益，实践证明效果良好。[①]

　　然而，由于股权分置改革并没有实质性地改变我国上市公司较为集中的

---

① 具体为两个 2/3 原则，即参加表决的全部股东所持表决权的 2/3 以上通过，以及参加表决的流通股股东所持表决权的 2/3 以上通过。

股权结构，国有股一股独大的现象依然存在，滋生第二类代理问题的根源难以彻底消除。因此，我们认为，在不增加决策成本以及不降低决策效率的前提下，应当将类别股东表决机制常态化，而不仅是在特定时期针对特定问题的权宜之计。

基于此种考量，我们的实验研究将类别股东表决机制引入 CEO 选聘程序中，以观察类别股东表决机制与外生惩罚机制的嵌套对于防范剥夺型共谋的作用。在传统的 CEO 选聘机制中，控制着董事会的大股东实际上操纵着相关的提议与表决过程，不论董事长与 CEO 两个职位是合一还是分立，都会产生一个共同的结果，那就是董事会实质上成为"大股东的常设机构"，董事会和 CEO 之间有千丝万缕的联系并与大股东共谋，通过操纵公司的重大决策来实现对中小股东的剥夺，这是一个本质上类似"分粥效应"的结果。

实验中，我们对 CEO 的选聘过程进行适当改进，引入类别股东表决机制，将提名与表决程序分离开来，大股东提议 CEO 人选（我们将大股东控制董事会，董事会决定 CEO 简化为大股东直接提名 CEO），而由中小股东进行表决以确定提议是否有效（采用 2/3 多数有效原则）。如此一来，CEO 的命运就部分掌握在中小股东手中，与大股东共谋的激励将会弱化，从而使得中小股东的处境得以改善，合法权益有了相当程度的保证。

2. 实验内容

在实验中，我们将被试按照 6 人一组建立股权集中型的公司，当事人包括 4 名股东（编号分别为 S_1，S_2，S_3 和 S_4）和两名 CEO 候选人（编号分别为 C_1 和 C_2）。其中，股东 S_1 是大股东（控股股东），持股比例为 $\alpha = 52\%$，其余三名股东 S_2、S_3 和 S_4 是中小股东，持股比例分别为 $\beta = 16\%$。[①] 在公司中，由大股东从两名候选人中提议一人担任本期的 CEO，经过股东表决程序最终确定人选，具体的原则是如果股东表决通过则提名有效，否则由另一名候选人出任本期的 CEO。为避免大股东在首期实验中提名时的随意性，我们

---

① 我们认为这样的设计符合我国证券市场的实际情况，即控股的大股东与众多分散的小股东并存，股权分置改革前后皆是如此。

加入雇用谈判环节，以帮助大股东对候选人进行甄别（仅限首期，从第二期实验开始，控股股东在提名 CEO 人选时即有历史信息作为参考）。公司的利润有高（$P_H = 1000$）和低（$P_L = 200$）两种可能，每期实验中都由计算机随机产生，股东按持股比例享受公司利润分红，本实验假设分红率为 100%。各期实验中，大股东和 CEO 知道真实的利润水平，其他股东不知道，大股东和 CEO 需要决定向中小股东如实还是虚假披露利润信息。对于虚假披露行为，外部监督机制能以一定的概率发现，并给予大股东和 CEO 相应的惩罚。实验开始时，大股东有 600G\$ 、其他股东各有 400G\$ 、CEO 有 200G\$ 的初始资本。单期实验结构如下：

（1）大股东从两名候选人中提议一人担任本期的 CEO（首期实验中，控股股东向 CEO 候选人提问，根据其回答情况做选择）。

（2）就大股东提议的 CEO 人选，股东进行投票表决（总体表决机制下，全体股东参加表决，过半数股份同意则提议有效，否则由另一名候选人出任本期的 CEO；类别股东表决机制下，由中小股东进行表决，超过 66.6% 股份同意则提议有效——即 2/3 多数原则，否则由另一名候选人出任本期的 CEO）。

（3）计算机随机产生公司的利润，或高或低，大股东据此向 CEO 提出披露要求，如实披露（则直接转到第 6 步）或者虚假披露。

（4）对于大股东的虚假披露提议，CEO 可以拒绝并如实披露，也可以接受（共谋）并虚假披露。

（5）监管机制相机而动，在大股东与 CEO 共谋，即出现了虚假披露公司业绩的情况时，以一定的概率发现并对共谋当事人进行处罚。

（6）各方收益实现，中小股东决定下一期是否进行投资。

（二）实验结构

实验在总体表决机制（实验 A）和类别表决机制（实验 B）下分别进行，其中法律环境（即外生惩罚机制）以监管机制发现大股东和 CEO 之间共谋行为的概率来刻画，主要在区间 [0.3，0.4，0.5，0.6] 上离散变化，每种监管水平上各进行 10 期实验。之所以将监管机制的效率做此种设置，主要是考虑到在转型经济中,过低的中小投资者保护会使正常的经济秩序无法得到保证,过强的监管则成本高昂而难以有效实施。实验结构如表 6 - 1 所示。

表 6 - 1　　　　　　　　　　剥夺型共谋防范实验结构

实验设置	法律环境	表决机制	实验结构	备注
实验 A	取值分别 0.3、0.4、0.5 和 0.6	总体表决	6 人 × 2 组 × 10 期	全体股东表决,半数通过有效
实验 B		类别表决		中小股东表决,2/3 通过有效

(三) 收益计算规则

在本实验的公司各方当事人中,控股股东的支付取决于公司的业绩类型、自己的披露策略、CEO 的策略以及监管机制的有效性;中小股东的支付取决于公司的业绩类型、控股股东和 CEO 的策略以及监管机制的有效性;CEO 的支付取决于自身的策略与监管机制的有效性,具体计算规则如表 6 - 2 所示。

表 6 - 2　　　　　　　　　　实验公司当事人收益计算规则

实验设置				控股股东	中小股东	CEO
高利润 P_H	如实披露			$P_H \times \alpha$	$P_H \times \beta$	W
	虚假披露	共谋	成功	$P_L \times \alpha + \Delta P \times 90\%$	$P_L \times \beta$	$W + \Delta P \times 10\%$
			失败	$P_H \times \alpha - F_1$	$P_H \times \beta$	$W - F_2$
		拒绝		$P_H \times \alpha$	$P_H \times \beta$	0
低利润 P_L	如实披露			$P_L \times \alpha$	$P_L \times \beta$	W
	虚假披露	共谋	成功	$P_L \times \alpha + \Delta P \times 3\beta \times 90\%$	$P_L \times \beta - \Delta P \times \beta$	$W + \Delta P \times 3\beta \times 10\%$
			失败	$P_L \times \alpha - F_1$	$P_L \times \beta$	$W - F_2$
		拒绝		$P_L \times \alpha$	$P_L \times \beta$	0

注:表中 $\Delta P = P_H - P_L$ 表示业绩差值;F_1 和 F_2 分别表示控股股东和 CEO 之间的共谋行为被监管机制发现时所受到的惩罚,W 则为 CEO 不拒绝与控股股东共谋时获得的固定支付。

二、剥夺型共谋防范的研究假设

在股权结构集中的公司当中，掌握 CEO 任免大权的控股股东是事实上知情的内部人，有强烈的激励与 CEO 所代表的管理层共谋，通过操纵公司重大决策以及"隧道效应"等方式对中小股东进行掠夺。在无法消除此种集中（如金字塔结构）时，按照 LLSV 的逻辑，改善投资法律保护则是解决第二类代理问题（实质上就是剥夺型共谋）的现实选择。因此，提出假设 6 - 1。

假设 6 - 1：随着对中小投资者法律保护的改善，控股股东和 CEO 侵害中小股东的共谋意愿会相应降低。

在总体表决机制下，大股东实质上掌握了诸如 CEO 聘任等公司重大决策的话语权，中小股东处于弱势地位，CEO 只需要视法律风险来确定是否与大股东共谋；类别股东表决赋予了中小股东就公司重大事项行使权利的机会，此时 CEO 若是被发现与大股东共谋，除了经济处罚之外，还面临着当前或未来"失业"的风险，其共谋意愿将会降低。因此，提出假设 6 - 2。

假设 6 - 2：相对于总体表决，类别表决机制下 CEO 与大股东达成共谋的意愿更低。

在所有权与管理权相分离时，中小股东（因缺乏信息而成为外部人）将资本投入公司，如果受到经理机会主义行为侵害和大股东的剥夺，其再投资意愿就会下降。类别表决机制的引入，使中小股东有机会参与有关自身利益的重大事项决策以及制约 CEO，此时其再投资意愿将会提高。因此提出假设 6 - 3。

假设 6 - 3：投资者在类别股东表决机制下的再投资意愿强于总体表决机制。

第四节　剥夺型共谋防范的实验结果分析

一、实验结果的描述性统计

（一）首期的 CEO 选聘

虽然我们的实验中 CEO 是由大股东提议人选后经由两类表决机制产生，但在实验的初始时段，鉴于之前没有过合作经历，大股东无法知道每个 CEO 候选人的合作意愿，因此在提名 CEO 时基本是针对其对所提问题的回答，按照"相同报酬高努力，相同努力低报酬"的原则来确定。从第二时段开始，大股东往往以 CEO 在上一期的表现——是否愿意与其共谋操纵利润信息披露，来确定是让其继续留任还是换人。

（二）机制防范共谋的效果

我们在实验中刻画的共谋防范机制是将外生惩罚机制与类别股东表决机制嵌套在一起，目的是要考察强化中小投资者保护方面的举措对于防范剥夺型共谋的实际作用以及影响共谋当事人行为的因素，为评价和改进现行的共谋防范机制找寻线索和依据。当然，就防范剥夺型共谋的效果来看，实验结果令我们非常满意。

如图 6 - 1 所示，在较低的投资者法律保护水平上（监管机制发现剥夺型共谋行为的概率小于 0.5 的两种情况），大股东和 CEO 之间在披露利润信息时频频达成共谋，其中总体表决机制下的共谋率为 60%，类别表决机制下稍低，但也接近半数。随着法律环境的改善，共谋率则快速下降，当监管机制能发现半数的共谋行为时，实际的共谋率分别下降到总体表决下的 30% 和类别表决下的 10%。将监管机制的效率再提高一成时，类别表决机制就已经完全阻止了共谋行为的发生，而总体表决机制下的共谋率也仅有

5%。上述实验结果表明，在集中型股权结构下，改善法律环境以加强投资者保护的确是防范剥夺型共谋、保护中小投资者的有效途径。

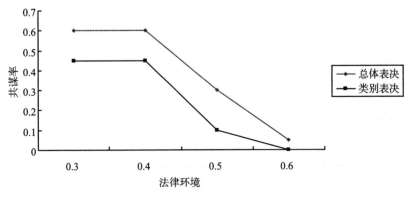

图 6 - 1　法律环境、表决机制与共谋率

同时，我们也可以看到，将类别股东表决机制嵌入 CEO 选聘程序中的做法则进一步强化了外生惩罚机制的作用，这从类别表决机制下的共谋率显著低于总体表决机制，且在各种强度的法律环境中都保持稳定即可见一斑。尽管我国证券市场中的股权分置改革成功实施，股权结构中流通股和非流通股的割裂状况已经不复存在，但是集中型股权结构依然存在，国有股或其他性质股东"一股独大"或"几股独大"的现象并没有从根本上得到解决，滋生剥夺型共谋的股权基础在可以预见的将来仍无法消除。因此，在进一步强化投资者法律保护的同时，保留类别股东表决机制并将其引入公司重要决策的程序中（如 CEO 选聘）是极具现实意义的。当然，类别股东的认定需要寻找新的标准，但是这一点显然不是一个无法解决的问题。

由于剥夺型共谋涉及大股东和 CEO 两类当事人，并且需要双方就操纵利润信息披露达成共识。接下来，我们看一看实验中大股东和 CEO 共谋意愿的动态变化，以便对现行机制防范共谋的机理有更深刻的认识。

尽管大股东和 CEO 在联手操纵业绩信息以剥夺中小股东的利益是一致的，但由于二者在利益的规模上不成比例，对于理性的 CEO 来说其共谋激励应该是小于大股东的。图 6 - 2 和图 6 - 3 证实了上述推测，随着法律环境的改善，共谋的风险不断加大，大股东和CEO的共谋意愿都趋于下降，但后者下降的速度远快于前者，并且最终完全失去共谋欲望，而此时，大股东依然保持了一定程度的共谋热情，假设6-1没被拒绝。

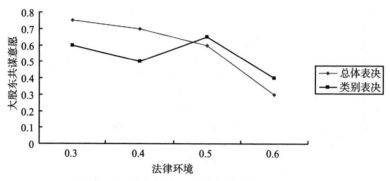

图6-2　法律环境、表决机制与大股东行为

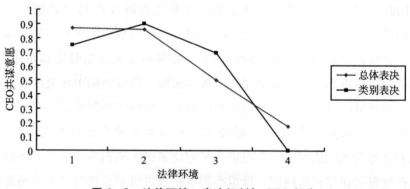

图6-3　法律环境、表决机制与CEO行为

（三）中小股东的再投资意愿

外部的中小投资者之所以愿意在两权分离的背景下进行投资是为了获取收益，但必要前提是与投资相伴的合法权益能够得到一定的保障。从图6-4可以看出，两种表决机制下，中小股东的再投资意愿变化的路径有所不同：在总体表决机制下，中小股东的投资意愿没有随法律环境的改善而显著提高，而在类别表决机制下，中小股东的投资意愿则不断增强，表明赋予信息劣势

的外部人（即中小股东）一定的公司重大事项决策参与权，有助于保障其合法权益并提高其投资积极性，假设6－3得到证实。

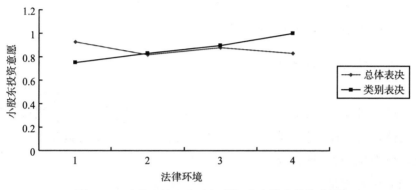

图6－4　法律环境、表决机制与中小股东投资意愿

当然，总体来看，在两种表决机制下中小股东的再投资意愿均维持在较高水平，并没有随法律环境的强度变化而表现出较大的波动性（相比较而言类别表决机制下是持续小幅增强），与我们在实验之前的预期有较大差距。之所以出现这种情况，一方面是实验中投资决策的零成本刺激了中小股东的投资意愿（实验结束后对被试的询问证实了这一点），更重要的则可能是因为中小股东缺乏替代性的投资机会，即使可能或实际遭受大股东和CEO的共同侵害，也不会放弃继续投资，这非常符合我国证券市场的实际情况。

尽管与西方发达国家相比，我国证券市场对中小投资者合法权益的保护亟待提高，大股东与管理层违规行为盛行以及行情的巨大波动性使得中小投资者损失巨大，但是由于国内其他可参与的投资机会很少，中小投资者的投资热情一直维持在较高水平，无论是从一级市场的 IPO 公司的家数、超额认购倍数和实际募得资金规模来看，还是从二级市场中的交易金额和换手率来看，这一点都是显见的事实。当然，中小投资者的这种投资热情无疑会招致大股东和管理层更加肆无忌惮地进行掠夺。

二、剥夺型共谋防范的影响因素分析

（一）大股东策略行为分析

1. 变量定义与描述性统计

（1）因变量。

在进行利润信息披露时，大股东可以提议如实披露，也可以提议虚假披露，具体要受多种因素的影响。我们以 $S_{bsholder}$ 表示大股东的披露策略，虚假披露取值为 0，如实披露取值为 1。

（2）解释变量。

我们认为，大股东策略行为会受到制度环境（如投资者法律保护）的影响，也可能受到自身特质的影响。在所考虑的一些可能影响因素中，法律环境（Law）为在区间 [0.3，0.4，0.5，0.6] 上取值的离散变量（表示大股东与 CEO 共谋侵害中小股东之举被发现并受到惩罚的可能性）；表决机制（$Election$）决定了中小投资者对公司重大事项（如 CEO 任免）是否具有话语权，从而借以保护自身的合法权益，类别表决时取值为 0，总体表决时取值为 1；在法律环境对中小投资者的保护较强时，大股东虚假披露利润信息是有风险的，故我们考察风险态度（$Riskattitude$）变量对其策略行为的影响，风险中性时取值为 0，风险偏好时取值为 1（之所以这么赋值是因为没有风险规避类型的被试在实验中担任大股东）；此外，我们在回归模型中加入性别（$Gender$）变量，女性取值为 0，男性取值为 1。上述因变量与解释变量的描述性统计结果如表 6-3 所示。

表 6-3　　　　　大股东策略行为影响因素的描述性统计

变量	变量含义	样本量	均值	标准差	最小值	最大值
$S_{bsholder}$	大股东策略	160	0.4375	0.4976	0	1
Law	法律环境	160	0.4500	0.1122	0.3	0.6

续表

变量	变量含义	样本量	均值	标准差	最小值	最大值
Election	表决类型	160	0.5000	0.5016	0	1
Riskattitude	风险态度	160	0.2500	0.4344	0	1
Gender	性别	160	0.2438	0.4307	0	1

2. Probit 回归结果分析

对大股东策略行为的回归分析结果如表6-4所示，列（1）为同时考虑法律环境和表决机制的回归分析结果；列（2）为在总体表决机制下的回归分析结果，其中性别变量（*Gender*）因出现单值情形而予以剔除；列（3）为在类别表决机制下的回归分析结果，其中风险态度变量（*Riskattitude*）因出现单值情形而予以剔除。

表6-4　　　　　大股东策略行为影响因素 Probit 回归分析结果

自变量/常数项	（1）	（2）	（3）
_cons	− 0.7304 （0.5338）	− 4.3625 *** （1.0234）	0.2648 （0.7124）
Law	3.6746 *** （1.1390）	6.3946 *** （1.8414）	1.3516 （1.5450）
Election	− 2.2189 *** （0.3740）		
Riskattitude	1.8695 *** （0.3608）	2.1290 *** （0.4261）	
Gender	− 2.2029 *** （0.3612）		− 2.1325 *** （0.3538）
Number of obs	160	80	80
Pseudo R^2	0.3886	0.4100	0.4070

注：*** 表示在1%的统计水平上显著。括号中数值为标准误。

根据表6-4，在将表决机制与法律环境嵌套起来分析时，Probit 模型中的解释变量都对大股东策略行为有显著影响。其中，随着法律对中小投资者保护的加强（即大股东和 CEO 共谋被发现的可能性增加），大股东提议虚假披露利润信息的可能性不断降低，这表明通过改善投资者的法律保护以便从源头上阻止剥夺型共谋是可行的。尽管表决机制不直接影响大股东，但是决定了其所提议 CEO 人选的有效性，继而会对其策略行为产生微妙的影响，回归结果显示在类别表决机制下大股东的共谋意愿比总体表决机制下趋于降低，赋予中小股东更多话语权的机制设计确实有助于约束大股东不当行为，维护股东中弱势群体的合法权益。此外，被试的风险态度变量和性别变量也都在 0.01 的统计水平上显著，提示我们被试的风险偏好度和性别也都会影响其向中小股东如实披露还是虚假披露利润信息的策略选择。

不考虑表决机制变量，将总体表决和类别表决数据分开进行回归分析，结果显示，法律环境变量与风险态度变量在总体表决机制下对大股东策略行为影响依然显著；而在类别表决机制下，法律环境变量的影响缺乏统计意义上的显著性，性别变量则保持了显著影响。

（二）CEO 策略行为分析

1. 变量定义与描述性统计

（1）因变量。

在实验中，当大股东提议如实披露利润信息时，CEO 只能听从大股东的要求（此时无需决策）。而当大股东提议虚假披露时，CEO 可以同意并虚假披露，也可以拒绝并如实披露，以变量 S_{CEO} 作为 CEO 策略变量，同意并虚假披露时取值为 1，拒绝并如实披露时取值为 0。

（2）解释变量。

虽然 CEO 与大股东共谋，可能获得额外收益，但是也面临被外生惩罚机制发现并受一定程度惩罚的风险，因此用法律环境（Law）变量表示投资者保护的强度（大股东与 CEO 共谋侵害中小股东之举被发现并受到惩罚的可能性），为在区间 [0.3，0.4，0.5，0.6] 上取值的离散变量；表决机制（Election）决定了中小投资者对公司重大事项（如 CEO 任免）是否具有话语权，从而借以保护自身的合法权益，类别表决时取值为 0，总体表决时取值为 1；在法律环境对中小投资者的保护较强时，大股东虚假披露利润信息是有风险的，故我们考察风险态度（*Riskattitude*）变量对其策略行为的影响，风险中性时取值为 0，风险偏好时取值为 1（之所以这样赋值是因为没有风险规避类型的被试在实验中担任 CEO）；此外，我们在回归模型中加入性别（*Gender*）变量，女性取值为 0，男性取值为 1。上述因变量与解释变量的描述性统计结果如表 6 – 5 所示。

表 6 – 5　　　　　　　　　CEO 策略行为影响因素的描述性统计

变量	变量含义	样本量	均值	标准差	最小值	最大值
S_{CEO}	CEO 策略	90	0.6000	0.4926	0	1
Law	法律环境	90	0.4289	0.1063	0.3	0.6
Election	表决类型	90	0.5222	0.5023	0	1
Riskattitude	风险态度	90	0.1444	0.3535	0	1
Gender	性别	90	0.4778	0.5023	0	1

2. Probit 回归结果分析

由于实验中担任 CEO 的被试风险态度取值相同（即出现单值变量情况），故在回归分析时将风险态度变量予以剔除。表 6 – 6 的列（1）为法律环境和类别表决机制嵌套情境下对 CEO 行为进行回归分析的结果；列（2）和列（3）分别是在总体表决和类别表决机制下对 CEO 行为进行回归分析的结果，其中在总体表决机制实验中，被试性别变量因出现取单值情况而予以剔除。CEO 决策样本有 90 个，剔除其中 13 个样本之后，实际进入回归分析的共 77 个决策样本。

表 6 – 6　　　　　　CEO 策略行为影响因素 Probit 回归分析结果

自变量/常数项	（1）	（2）	（3）
_cons	3.5842 *** (0.7814)	3.5831 *** (1.1300)	3.6581 *** (1.0021)
Law	− 7.9226 *** (1.7797)	− 7.8885 *** (2.5680)	− 8.1200 *** (2.4414)

续表

自变量/常数项	（1）	（2）	（3）
Election	0.0013 (0.4846)		
Gender	−0.13408 (0.5040)		−0.1182 (0.5221)
Log likelihood	−39.4925	−18.2115	−21.3966
Number of obs	77	34	43
Pseudo R²	0.2578	0.2381	0.2818

注：*** 表示在1%的统计水平上显著。括号中数值为标准误。

从表6-6中可以看出，法律环境变量对于CEO的策略选择影响显著，即随着投资者法律保护程度的提高，CEO与大股东共谋的意愿趋于下降。无论是将表决机制变量纳入回归模型，还是在两种表决机制下分别进行回归分析，这一结果都是稳定的，表明法律环境的改善使CEO与大股东共谋所面临的法律风险加大，从而对约束其不当行为卓有成效。尽管我们将类别表决机制嵌入法律环境当中，希望赋予中小股东一定的重大事项参与权能有效地约束CEO的行为，保护自身权益，但是回归分析的结果没有提供相应支持，即表决机制对CEO策略的影响缺乏统计意义上的显著性，假设6-2被拒绝。

小　　结

在股权集中型的公司中，控股股东成为知情的内部人，相对于中小股东处于信息优势，同时现行公司法律关于剩余分配的规则未能体现控股股东对公司业绩边际贡献的权重，导致其心理认同度较低，在上述两方面因素的共同作用之下，控股股东的偏好与信念即发生漂移，在公司博弈中相应的行为策略也从"分享"转换为"掠夺"。在诸如我国这样的转型经济中，制度环境未能对中小股东给予足够保护，控股股东就会和管理层共谋，对中小股东的利益进行掠夺，并且此种剥夺型共谋的防范难度较大。

鉴于股权结构的变迁和公司法律精神的实质性变化在短期内难以实现，防范剥夺型共谋的可行途径只能是通过改善现有的制度环境，强化对中小投资者的保护，提高控股股东与管理层共谋行为的潜在成本，从而抑制剥夺型共谋的发生及严重程度。

本章中，我们考虑由第三方提供保护的外生惩罚机制和由中小股东自我实施保护的类别股东表决机制两种制度安排，并通过实验研究检验现行机制在防范剥夺型共谋上的作用。实验结果表明，随着外生惩罚机制力度的不断加强，剥夺型共谋的发生率持续趋于下降，在将类别股东表决机制嵌入后，下降趋势则更为明显，甚至在外生惩罚机制为 0.6 的强度水平上就完全阻止了共谋行为的出现。当然，值得注意的是，因为利益规模的关系，在剥夺型共谋中居于主导地位的当事人是控股股东，其共谋激励明显强于以 CEO 为代表的管理层，这点也在实验中得到证实，并且没有随制度环境的变化而改变。

此外，实验结果还表明，中小股东的投资意愿并没有如我们之前所预期的那样，会随着对其利益保护程度的变化而改变，而是一直保持在较高的水平，这与我们的实验设置不无关系。对此，我们可以从现实中寻找到一个合乎逻辑的解释，那就是：在转型经济的中国，缺乏多元化的投资机会，中小投资者没有替代性的投资选择，因而即便合法权益得不到足够的保障，投资证券市场的热情也依然不减，这是一个残酷而又无奈的现实。

第七章

结论与展望

第一节 研究结论

共谋现象广泛存在于利益关系明显的委托—代理领域，尤其是在公司治理情境中则更为常见，其存在对个人、组织乃至社会都有巨大的负面影响，因此该主题吸引了国内外众多学者的关注与研究。

鉴于以往的研究多采用逻辑推演与实证分析的方法，对共谋问题的认识多局限于事前或事后的推测，无法触及现象背后当事人的行为机理，我们采取比较制度实验的方法，以信息结构为逻辑主线，对共谋现象进行系统分类与深入研究，得出以下一些研究结论：

首先，信息结构是解读共谋现象的核心密码。之所以这样说，不仅是因为信息结构是将公司科层中的共谋现象区分为二类三种的基本线索，更因为信息是博弈当事人偏好与信念的重要决定因素。私人信息位于代理人节点时，其会出现机会主义行为，尤其是我们将信息不对称人为地嵌入双监督人机制当中时，不知情非但没有一如我们期望的那样强化监督人的角色认同，反而挤出了其忠于职守的偏好与信念，导致双监督人监督机制之于共谋防范的效果低于信息对称时的情况。而当私人信息处于委托人节点时，委托人在契约提议博弈中，不是像标准信息分布时那样在租金抽取和资源配置效率之间进行权衡并寻求一个均衡点，而是倾向于抽取信息租金，即便此举不利于社会福利的改进。由此，我们便不难理解，当将委托人知情的信息结构作进一步延伸，即部分委托人有私人信息时，知情内部人的策略会由"分享"转变为"掠夺"，我们认为股权集中状态下，控股股东偏好与信念的变化是导致其与管理层共谋对中小股东进行剥夺的重要原因，而信息优势无疑是推动变化的因素之一。那么，机制设计防范共谋的关键也就在于降低公司当事人之间的信息不对称程度，从而使共谋失去信息基础。

其次，在股权集中型的公司中，中小股东一如股权分散时那样"搭便车"，在资本初始投入后便坐等分红，而控股的大股东——无论其是国有股东还是某个家族，很大可能是兢兢业业地打理公司，为公司的经营与管理付出更多的追加投入（包括监督管理层），其对公司业绩的边际贡献显然要高于中小股东。然而，现行公司法律关于剩余分配的规则只是强调出资意义上的同股同权，没有考虑业绩贡献的权重，这样一来，控制权的共享收益远超私人收益，控股股东对投入—收益公平度与满意度的心理感知较低，从而产生自我补偿的需要，这可能是剥夺型共谋得以产生的一个重要原因。从这个意义上说，一味地指责控股股东未免有失偏颇，推进公司法律的完善，在分配剩余时按边际贡献进行加权，实现真正意义上的同股同权才是解决剥夺型共谋乃至第二类代理问题的有效之举。

此外，改善投资者保护状况对于防范共谋有着积极的意义。在我国转型经济背景下，集中型的股权结构在短时间内无法改变，因而控股股东的存在及其相对于中小股东的信息优势也将无法改变，同时公司法律关于剩余分配原则的修订有待认知理念上的革命，而防范共谋又是当务之急，从制度环境上入手寻求解决是一种现实的选择。应该说，外生惩罚机制和类别股东表决机制取得了良好的效果，这是一个值得肯定的方向。当然，即便是有效的制度安排，在现实中，是否真正能够得到有效的实施，在很大程度上决定了最终结果。

第二节　研究展望

　　本研究所涉及的共谋防范机制基本属于正式治理机制的范畴，尽管实验的结果在一定程度上尚能令我们满意，但一个不容忽视的问题是，在转型经济的制度环境与实验场景中，正式治理机制或者缺失，或者缺位，或者实施低效，导致共谋现象普遍存在，亟待寻找有效的防范之道。我们认为，未来关于共谋防范的研究，重点依然是寻求对既有机制设计的优化与完善，以便提升效率与效果。

　　当然，制度的优化与完善并非一蹴而就，需要长期的探索和试错，那么在现有制度框架下，寻求非正式治理机制的补充与替代，不失为一种现实的选择。例如，一些（Dyck，Zingales，Desai & Mock）学者探索了媒体监督、税收征管等法律外制度的治理作用，作为对法律制度的补充，得出了积极的结论，获得了国内外学者的较高认同，相关的研究也在不断涌现。

　　此外，脑神经科学的研究手段与社会科学研究主题的结合，也给共谋防范的实验研究提供了新的契机，通过观察共谋行为背后当事人的神经和心理机制，可以为进一步优化与完善共谋防范机制设计提供线索和依据。

附录

一、实验说明（双监督人机制——信息对称）

你现在参加的是一个有真实货币报酬的经济学/管理学实验，你的报酬取决于你在实验中所做的决策。实验结束后，我们将按照一定比例把你在实验中获得的总点数兑换成人民币。此外，你还将另外得到 5 元人民币作为出场费。请不要相互交流，以下是实验说明，请大家仔细阅读，如对实验说明和要求有不理解的地方请举手示意。

实验一（不完全信息）

你们将按照 3 人一组进行随机配对，分别担任 CEO、1 号监督人、2 号监督人。实验过程中，监督人负责对企业的经营业绩进行审查并报告，可以报告为 1（真实业绩），也可以报告为 2（虚假业绩），报告后得 300G$。CEO 希望监督人报告业绩为 2，这样他可以获得 3000G$，为此 CEO 需要分别支付给 1 号监督人和 2 号监督人各一笔报酬（数目可以相等，也可以不等，CEO 自己决定）以求合作。对于 CEO 提供的报酬，监督人可以接受（接受即意味着报告业绩为 2），也可以拒绝（拒绝即意味着报告业绩为 1），具体选择只有自己和 CEO 知道。

实验结构如下：

1. CEO 给 1 号监督人一个 B_1，1 号监督人选择拒绝或者接受。

如果 1 号监督人拒绝 B_1 而报告业绩为 1，此时 2 号监督人不需要出场，CEO 得 0，1 号监督人额外得 0，2 号监督人额外得 0，实验结束。

如果 1 号监督人接受 B_1 而报告业绩为 2，此时 2 号监督人出场。

2. CEO 给 2 号监督人一个 B_2，2 号监督人选择拒绝或者接受。

如果 2 号监督人拒绝 B_2 而报告业绩为 1，CEO 得 0，1 号监督人额外得 $P = -300G\$$（P 是 1 号监督人接受 CEO 的报酬并虚假报告业绩被 2 号监督人揭露时受到的惩罚），2 号监督人额外得奖励 R（R 是 2 号监督人拒绝 CEO 的报酬并如实报告业绩时得到的奖励），实验结束。

如果 2 号监督人接受 B_2 而报告业绩为 2，CEO 得 $3000 - B_1 - B_2$，1 号监

督人额外得 B_1，2 号监督人额外得 B_2，实验结束。

3. 实验中 CEO 知道监督人的编号信息，监督人不知道自己的编号（即在做选择的时候不知道自己是 1 号监督人还是 2 号监督人）。

4. 本实验共进行 10 期，每期实验中 CEO 不变，监督人的编号随机确定。

5. 你的各期收益累计按一定比例兑换（监督人是 3000G\$ 兑换 1 元人民币，CEO 是 2500G\$ 兑换 1 元人民币）后加上出场费即为你参加本实验的最终收益。

实验二（完全信息）

你们将按照 3 人一组进行随机配对，分别担任 CEO、1 号监督人、2 号监督人。实验过程中，监督人负责对企业的经营业绩进行审查并报告，可以报告为 1（真实业绩），也可以报告为 2（虚假业绩），报告后得 300G\$。CEO 希望监督人报告业绩为 2，这样他可以获得 3000G\$，为此 CEO 需要分别支付给 1 号监督人和 2 号监督人各一笔报酬（数目可以相等，也可以不等，CEO 自己决定）以求合作。对于 CEO 提供的报酬，监督人可以接受（接受即意味着报告业绩为 2），也可以拒绝（拒绝即意味着报告业绩为 1），具体选择只有自己和 CEO 知道。

实验结构如下：

1. CEO 给 1 号监督人一个 B_1，1 号监督人选择拒绝或者接受。

如果 1 号监督人拒绝 B_1 而报告业绩为 1，此时 2 号监督人不需要出场，CEO 得 0，1 号监督人额外得 0，2 号监督人额外得 0，实验结束。

如果 1 号监督人接受 B_1 而报告业绩为 2，此时 2 号监督人出场。

2. CEO 给 2 号监督人一个 B_2，2 号监督人选择拒绝或者接受。

如果 2 号监督人拒绝 B_2 而报告业绩为 1，CEO 得 0，1 号监督人额外得 $P = -300G\$$（P 是 1 号监督人接受 CEO 的报酬并虚假报告业绩被 2 号监督人揭露时受到的惩罚），2 号监督人额外得 R（R 是 2 号监督人拒绝 CEO 的报酬并如实报告业绩时得到的奖励），实验结束。

如果 2 号监督人接受 B_2 而报告业绩为 2，CEO 得 $3000 - B_1 - B_2$，1 号监督人额外得 B_1，2 号监督人额外得 B_2，实验结束。

3. 实验中 CEO 知道监督人的编号信息，监督人也知道自己的编号（即在做选择的时候知道自己是 1 号监督人还是 2 号监督人）。

4. 本实验共进行 10 期，每期实验中 CEO 不变，监督人的编号随机确定。

5. 你的各期收益累计按一定比例兑换（监督人是 3000G\$ 兑换 1 元人民币，CEO 是 2500G\$ 兑换 1 元人民币）后加上出场费即为你参加本实验的最终收益。

二、实验说明（知情委托人信息结构实验）

在实验中，你们将按两人一组随机配对，身份分别为 A 或 B。A 雇佣 B 从事一种有风险的经营活动（假定风险程度为 5 级），产出取决于风险程度和 B 的努力水平并且全部归 A 所有，A 向 B 支付风险补偿和工资，B 在特定风险程度下提供努力需要付出相应的成本。

单期实验结构如下：

1. 计算机随机生成一个风险程度 $\theta \in [1, 2, 3, 4, 5]$，对应的风险补偿数额见表 1。

表 1　　　　　　　　　　　风险程度与补贴数额

风险程度	1	2	3	4	5
补贴数额	50	100	150	200	250

2. A 获悉风险程度的具体值，B 则不知道。A 向 B 提议一个风险补偿 $\hat{\theta}$（可以按实际风险程度补偿，也可以按较低的风险程度补偿），实际补偿数额为 $r(\hat{\theta})$。

3. 对于 A 提议的风险补偿，B 有接受或拒绝两种选择：

（1）如果 B 拒绝提议，则两人的收益都为零，实验结束；

（2）如果 B 接受提议，即获得 A 提议的风险补偿，同时需要选择一个努力水平 $e \in [0.1, 0.2, 0.3, \cdots, 1]$ 并获得工资 $50e$，B 提供努力水平的相应成本为 $c(e)$（是增函数），具体见表 2。

表 2   代理人努力的成本

e	0.1	0.2	0.3	0.4	0.5	0.6	0.7	0.8	0.9	1
$c(e)$	0	1	2	4	6	8	10	13	16	20

并且该成本会随风险程度不同而被同步放大，即在不同风险程度下提供努力 e 的实际成本为 $\theta \times c(e)$；

4. 计算机向 B 公布真实的风险程度 θ，并计算 A 和 B 的收益，实验结束；

A 的收益 = 产出 - 风险补偿 - 工资

= $100 \times$ 风险程度 $\times$ 努力水平 - 风险补偿 - $50 \times$ 努力水平

= $100 \times \theta \times e - r(\hat{\theta}) - 50 \times e$

B 的收益 = 风险补偿 + 工资 - 努力的实际成本

= $50 \times$ 努力水平 + 风险补偿 - 风险程度 $\times$ 努力的成本

= $50 \times e + r(\hat{\theta}) - \theta \times c(e)$

5. 本实验共进行 15 期，各期中人员组合不变。你在各期实验中的收益累计为你参加实验的收益，并按照相应的比例兑换成人民币现金支付给你。

参 考 文 献

［1］［美］阿道夫·A.伯利，德纳·C.米恩斯.甘华鸣等译.现代公司与私有财产［M］.北京：商务印书馆，2005.

［2］［美］阿维纳什·迪克西特.郑江淮等译.法律缺失与经济学：可供选择的经济治理方式［M］.北京：中国人民大学出版社，2007.

［3］程新生.公司治理中的内部控制［J］.会计之友，2006（12）：4－5.

［4］程新生.公司治理、内部控制、组织结构互动关系研究［J］.会计研究，2004（4）：14－18.

［5］陈志俊，邱敬渊.分而治之：防范合谋的不对称机制［J］.经济学（季刊），2003，3（1）：195－214.

［6］董志强，蒲永健.公共管理领域监察合谋防范机制［J］.中国管理科学，2006，14（3）：116－121.

［7］［美］科林·凯莫勒.贺京同等译.行为博弈——对策略互动的实验研究［M］.北京：中国人民大学出版社，2006.

［8］［日］鹤光太郎.用"内生性法律理论"研究法律制度与经济体系［M］.比较，2003（8）.

［9］［美］罗伯特·阿克斯罗德.吴坚忠译.合作的进化［M］.上海：上海人民出版社，2007.

［10］李建标，李晓义.产业组织理论的实验研究范式［J］.产业经济评论，2007，6（1）：40－52.

［11］李建标，张斌.双监督人信息对称下的共谋防范实验研究［Z］.工作论文，2009.

［12］李建标，张斌.非标准委托—代理问题研究：知情委托人模型概

览 [Z]. 工作论文, 2009.

[13] 李建标, 张斌. 媒体监督与公司治理: 一个理论模型 [J]. 郑州大学学报 (哲社版), 2010, 43 (3): 75 – 78.

[14] 李建标, 宗计川. 知情委托人范式及其理论预期 [J]. 天津社会科学, 2005 (5): 75 – 78.

[15] 李维安. 公司治理学 [M]. 北京: 高等教育出版社, 2005.

[16] 李维安, 李建标. 股权、董事会治理与中国上市公司的企业信用 [J]. 管理世界, 2003 (9): 103 – 109.

[17] 李维安, 武立东. 公司治理教程 [M]. 上海: 上海人民出版社, 2002.

[18] 李维安, 张国萍. 经理层治理评价指数与相关绩效的实证研究 [J]. 经济研究, 2005 (11): 87 – 98.

[19] 罗建兵. 合谋的生成与制衡: 理论分析与来自东南亚的证据 [M]. 合肥: 合肥工业大学出版社, 2008.

[20] 牛建波, 武立东. 公司治理创新: 类别股东表决制度 [J]. 管理现代化, 2004 (3): 15 – 17.

[21] 钱颖一. 企业的治理结构与融资结构改革 [J]. 经济研究, 1995 (1).

[22] [法] 让 – 雅克·拉丰, 大卫·马赫蒂摩. 陈志俊等译. 激励理论 I: 委托—代理模型 [M]. 北京: 中国人民大学出版社, 2002.

[23] 世界银行编写组. 讲述的权利: 大众媒体在经济发展中的作用 [M]. 北京: 中国财政经济出版社, 2005.

[24] 武立东. 上市公司控股股东行为效应评价与指数分析 [J]. 管理科学, 2006, 19 (5): 83 – 91.

[25] 薛有志. 公司治理结构认识上的误区 [J]. 经济学动态, 2000 (4): 10 – 11.

[26] 周建, 刘小元, 于伟. 公司治理机制互动的实证研究 [J]. 管理科学, 2008, 21 (1): 2 – 13.

[27] Ajit Mishra. Hierarchies, Incentives and Collusion in a Model of En-

forcement [J]. Journal of Economic Behavior & Organization, 2002, 47 (2): 165 – 178.

[28] Alexander Dyck. and Luigi Zingales. The Corporate Governance Role of the Media [Z]. Working Paper, 2002.

[29] Alexander Dyck. and Luigi Zingales. Private Benefits of Control: An International Comparison [J]. Journal of Finance, 2004, 59 (2): 537 – 600.

[30] Alexander Dyck. , NatalyaVolchkova. and Luigi Zingales. The Corporate Governance Role of the Media: Evidence from Russia [J]. Journal of Finance. 2008, 63 (3): 1093 – 1135.

[31] Anke S. Kessler. On Monitoring and Collusion in Hierarchies [J]. Journal of Economic Theory, 2000, 91 (2): 280 – 291.

[32] Antoine Faure – Grimaud. , Jean – Jacques Laffont. and David Martimort. Transaction Costs of Collusion and Organizational Design [Z]. USC Center for Law, Economics & Organization Research Paper, 2001.

[33] Antoine Faure – Grimaud. , Jean – Jacques Laffont. and David Martimort. Risk Averse Supervisors and the Efficiency of Collusion [J]. Contributions to Theoretical Economics, 2002, 2 (1): 1 – 30.

[34] Antoine Faure – Grimaud. , Jean – Jacques Laffont, David Martimort. Collusion, Delegation and Supervision with Soft Information [J]. The Review of Economic Studies, 2003, 70 (2): 253 – 279.

[35] Baliga, S. Monitoring and Collusion with Soft Information [J]. Journal of Law, Economics and Organization, 1999, 15 (2): 434 – 440.

[36] Baliga, S. and Sjostrom, D. Decentralization and Collusion [J]. Journal of Economic Theory, 1998, 83 (2): 196 – 232.

[37] Bente Villadsen. Communication and Delegation in Collusive Agencies. Journal of Accounting and Economics [J]. 1995, 19 (2): 315 – 344.

[38] Bernheim, B. D. and Whinston, M. D. Common Marketing Agency as a Device for Facilitating Collusion [J]. The Rand Journal of Economics, 1985, 16 (2): 269 – 281.

［39］ Bernheim, B. D. and Whinston, M. D. Common Agency ［J］. Econometrica, 1986, 16 (2): 923－942.

［40］ Calzolari G. and Scarpa c. Non－Intrinsic Common Agency ［Z］. Working Paper, 1999.

［41］ Chen, Z. J. and J. Y. Chiou. Asymmetric mechanism with Discrimination to Prevent Collusion ［Z］. Working Paper, 2002.

［42］ Claessens, S. , Djankov, S. and Lang, L. The Separation of Ownership and Control in East Asian Corporations ［J］. Journal of Financial Economics, 2000, 58 (1): 81－112.

［43］ Claudio Mezzetti. and Theofanis Tsoulouhas. Gathering Information Before Signing a Contract with a Pprivately Informed Principal ［J］. International Journal of Industrial Organization, 2000, 18 (4): 667－689.

［44］ Coffee, J. The Future as History: the Prospects for Global Convergence in Corporate Governance and its Implications ［J］. Northwestern University Law Review, 1999, 93 (3): 641－707.

［45］ Conlin, M. An Empirical Analysis of Common Agency ［OL］. http: // faculty. maxwell. syr. edu/meconlin/common agency 061003. pdf, 2002.

［46］ David P. Baron. Noncooperative Regulation of a Nonlocalized Externality ［J］. The RAND Journal of Economics, 1985, 16 (4): 553－568.

［47］ David P. Baron. , and David Besanko. Information, Control, and Organizational Structure ［J］. Journal of Economics & Management Strategy, 1992, 1 (2): 237－275.

［48］ Dieter Balkenborg. and Miltiadis Makris. Finding Neutral Optima in Informed Principal Problems with Common Values ［Z］. Working Paper, 2008.

［49］ Dongsoo Shin and Sungho Yun. Informed Principal and Information Aathering Agent ［J］. Rev. Econ. Design, 2008, 12 (2): 229－244.

［50］ Edward Glaeser. , Simon Johnson. and Andrei Shleifer. Coase Versus the Coasians ［J］. Quarterly Journal of Economics, 2001, 116 (3): 853－899.

［51］ Eric W. Bond. and Thomas A. Gresik. Competition Between Asymmetrically Informed Principals [J]. Economic Theory, 1997, 10 (2): 227 –240.

[52] Eric W. Bond. and Thomas A. Gresik. Incentive Compatible Information Transfer Between Asymmetrically Informed Pprincipal [Z]. Working Paper, 1998.

[53] Eric W. Bond. and Thomas A. Gresik. Efficient Delegation by an Informed Principal [Z]. Working Paper, 2004.

[54] Eugene F. Fama. Agency Problems and the Theory of the Firm [J]. Journal of Political Economy, 1980, 88 (2): 288 –307.

[55] Fahad Khalil. and Jacques Lawarrée. Collusive Auditors [J]. The American Economic Review, 1995, 85 (2): 442 –446.

[56] Fahad Khalil. Auditing Without Commitment [J]. The RAND Journal of Economics, 1997, 28 (4).

[57] Felli. L. Preventing Collusion Through Delegation [Z]. Working Paper, 1996: 629 –640.

[58] Finkle A. Relying on Information Acquired by a Principal [J]. International Journal of Industrial Organization, 2005, 23 (3): 263 –278.

[59] Gary S. Becker. and George J. Stigler. Law Enforcement, Malfeasance, and Compensation of Enforcers [J]. The Journal of Legal Studies, 1974, 3 (1): 1 –18.

[60] George J. Stigler. The Theory of Economic Regulation [J]. The Bell Journal of Economics and Management Science, 1971, 2 (1): 3 –21.

[61] Gorkem Celik. Mechanism Design with Collusive Supervision [J]. Journal of Economic Theory, 2009, 144 (1): 69 –95.

[62] Hector Chade. and Randy Silvers. Informed Principal, Moral Hazard and the Value of a More Informative Technology [Z]. Working Paper, 2001.

[63] Hideshi Itoh. Coalitions, Incentives, and Risk Sharing [J]. Journal of Economics Theory, 1993, 60 (2): 410 –427.

[64] Holmstrom, B. Moral Hazard and Observability [J]. Bell Journal of Economics, 1979, 10 (1): 69 –95.

[65] Holmstrom, B. and P. Milgrom. Regulating Trade Among Agents [J].

Journal of Institutional and Theoretical Economics, 1990, 146 (2): 85 – 105.

[66] Ishiguro, Shingo. Collusion and Discrimination in Organizations [J]. Journal of Economic Theory, 2004, 116 (2): 357 – 369.

[67] Jacques Crémer. and Michael H. Riordan. On Governing Multilateral Transactions with Bilateral Contracts [J]. The RAND Journal of Economics, 1987, 18 (3): 436 – 451.

[68] James Andreoni. and John H. Miller. Rational Cooperation in the Finitely Repeated Prisoner′s Dilemma: Experimental Evidence [J]. Economic Journal, 1993, 103 (418): 570 – 585.

[69] Jan Potters., Bettina Rockenbachb., Abdolkarim Sadriehc. and Eric van Damme. Collusion under Yardstick Competition: an Experimental Study [J]. International Journal of Industrial Organization, 2004, 22 (7): 1017 – 1048.

[70] Jean Tirole. Hierarchies and Bureaucracies: On the Role of Collusion in Organizations [J]. Journal of Law, Economics, & Organization, 1986, 2 (2): 181 – 214.

[71] Jean Tirole. Collusion and the Theory of Organizations [M]. in J. – J. Laffont, ed., Advances in Economic Theory, Cambridge: Cambridge University Press, 1992.

[72] Jerry Green. and Jean – Jacques Laffont. On Coalition Incentive Compatibility [J]. The Review of Econmics Studies, 1979, 46 (2): 243 – 254.

[73] J. Franks, C. Mayer. The Ownership and Cont rol of German Corporation [Z]. Working Paper, 1994.

[74] Joel S. Demski., James M. Patell. and Mark A. Wolfson. Decentralized Choice of Monitoring Systems [J]. The Accounting Review, 1984, 59 (1): 16 – 34.

[75] Joseph E. Stiglitz. Corporate Governance Failures in the Transition [C]. World ABCD Conference, Paris, 1999.

[76] Katerina Sherstyuk. Collusion in Private Value Ascending Price Auctions [J]. Journal of Economic Behavior & Organization, 2002, 48 (2): 177 – 195.

[77] King, R. and Levine, R. Finance and Growth: Schumpeter Might Be

Right [J]. Quarterly Journal of Economics, 1993, 108 (3): 717 – 737.

[78] Kofman, F. and Lawarrée, J. Collusion in Hierarchical Agency [J]. Econometrica, 1993, 61 (3): 629 – 656.

[79] Kofman, F. and Lawarrée, J. On the Optimality of Allowing Collusion [J]. Journal of Public Economics, 1996b, 61 (3): 383 – 497.

[80] Kofman, F. and Lawarrée, J. A prisoner's Dilemma Model of Collusion Deterrence [J]. Journal of Public Economics, 1996a, 59 (1): 117 – 136.

[81] Kouroche Vafai. Abuse of Authority and Collusion in Organizations [J]. European Journal of Political Economy, 2005, 21 (2): 385 – 405.

[82] Laffont, J. J. and Mathieu Meleu. Reciprocal Supervision, Collusion and Organizational Design [J]. The Scandinavian Journal of Economics, 1997, 99 (4): 519 – 540.

[83] Laffont, J. J. and Rochet J. C. Collusion in Organizations [J]. The Scandinavian Journal of Economics, 1997, 99 (4): 485 – 495.

[84] Laffont, J. J. and Martimort D. Collusion under Asymmetric Information [J]. Econometrica, 1997, 65 (4): 875 – 911.

[85] Laffont, J. J. and Martimort D. Collusion and Delegation [J]. RAND Journal of Economics, 1998, 29 (2): 280 – 305.

[86] Laffont, J. J. and Martimort, D. Separation of Regulators against Collusive Behavior [J]. The RAND Journal of Economics, 1999, 30 (2): 232 – 262.

[87] Laffont, J. J. and Martimort D. Mechanism Design with Collusion and Correlation [J]. Econometrica, 2000, 68 (2): 309 – 342.

[88] Laffont, J. J. and Tirole, J. Cost Padding, Auditing and Collusion [J]. Annals of Economics and Statistics, 1992, 25/26: 205 – 226.

[89] La Porta, R. , Lopez-de – Silanes, F. , Shleifer A. and Vishny R. Legal Determinants of External Finance [J]. Journal of Finance, 1997, 52 (3): 1131 – 1150.

[90] La Porta, R. ; Lopez-de – Silanes, F. , Shleifer A. and Vishny R. Law and

Finance [J]. Journal of Political Economy, 1998, 106 (6): 1113 – 1155.

[91] La Porta, R. , Lopez-de – Silanes, F. and Shleifer A. Corporate Owner-ship Around the World [J]. Journal of Finance, 1999, 54 (2): 471 –517.

[92] La Porta, R. , Lopez-de – Silanes, F. , Shleifer A. and Vishny R. Investor Protection and Corporate Governance [J]. Journal of Financial Economics, 2000a, 58 (1): 3 –27.

[93] La Porta, R. , Lopez-de – Silanes, F. , Shleifer A. and Vishny R. Agency Problem and Dividend Policies around the World [J]. Journal of Finance, 2000b, 55 (1): 1 –33.

[94] La Porta, R. , Lopez-de – Silanes, F. , Shleifer A. and Vishny R. Investor Protection and Corporate Valvation [J]. Joumal of Finance, 2002, 57 (3): 1147 – 1170.

[95] Levine, R. and Zervos, S. Stock Markets, Banks and Economic Growth [J]. American Economic Review, 1998, 88 (3): 537 –558.

[96] Lucia Quesada. Informed Principal in the Private Value Framework: a Simplified Version Game Theory and Information [Z]. Working Paper, 2002.

[97] Lucia Quesada. Collusion as an Informed Principal Problem [Z]. Working Paper, 2004.

[98] Lucia Quesada. A Not So Short Note on the Informed Principal with Private Values and Independent Types [Z]. Working Paper, 2007.

[99] Martimort, D. The Life Cycle of Regulatory Agencies: Dynamic Capture and Transaction Costs [J]. Reviews of Economic Studies, 1999, 66 (4): 929 –947.

[100] Martimort, D. and Moreira, H. Common Agency with Informed Principals [Z]. Working Paper, 2007.

[101] Maskin E. and J. Tirole. The Principal – Agent Relationship with an Informed Principal, I: the Case of Private Values [J]. Econometrica, 1990, 58 (2): 379 –410.

[102] Maskin E. and J. Tirole. The Principal – Agent Relationship with an In-

formed Principal, Ⅱ: the Case of Common Values [J]. Econometrica, 1992, 60 (1): 1 –42.

[103] Mehmet Bac. and Parimal Kanti Bag. Beneficial Collusion in Corruption Control: The Case of Nonmonetary Penalties [J]. Journal of Development Economics, 2006, 81 (2): 478 –499.

[104] Michael C. Jensen. and William H. Meckling. Theory of the Firm: Managerial Behavior, Agency Costs and Ownership Structure [J]. Journal of Financial Economics, 1976, 3 (4): 305 – 360.

[105] Michela Cella. Risky Allocations from a Risk – Neutral Informed Principal [J]. Review of Economic Design, 2005, 9 (3): 191 –202.

[106] Miguel A. Fonseca. and Hans – Theo Normann. Mergers, Capacity Consolidations and Collusion: Experimental Evidence [Z]. Working Paper, 2007.

[107] Mihir A. Desai. , Alexander Dyck. and Luigi Zingales. Theft and Taxes [J]. Journal of Financial Economics, 2007, 84 (3): 591 –623.

[108] Mihir A. Desai. and Dhammika Dharmapala. Taxation and Corporate Governance: An Economic Approach [Z]. Working Paper, 2007.

[109] Nahum D. Melumad. and Stefan Reichelstein. Centralization Versus Delegation and the Value of Communication [J]. Journal of Accounting Research. 1987, 25 (1): 1 –18.

[110] Nahum D. Melumad, Dilip Mookherjee. and Stefan Reichelstein. A Theory of Responsibility Centers [J]. Journal of Accounting and Economics, 1992, 15 (4): 445 –484.

[111] Nahum D. Melumad. , Dilip Mookherjee and Stefan Reichelstein. Hierarchical Decentralization of Incentive Contracts [J]. RAND Journal of Economics, 1995, 26 (4): 654 –672.

[112] Neal Kumar Katyal. Conspiracy Theory [J]. The Yale Law Journal, 2003, 112 (6): 13 –7 –1398.

[113] Oliver Hart. and John Moore. Property Rights and the Nature of the Firm [J]. The Journal of Political Economy, 1990, 98 (6): 1119 –1158.

[114] Owen R. Phillips. , Dale J. Menkhaus. and Kalyn T. Coatney. Collusive Practices in Repeated English Auctions: Experimental Evidence on Bidding Rings [J]. The American Economic Review, 2003, 93 (3): 965 - 979.

[115] Patrick Bolton. and Mathias Dewatripont. Contract Theory [M]. Cambridge: The MIT Press, 2005.

[116] Paul Beaudry. Why an Informed Principal May Leave Rents to Agent [J]. International Economic Review, 1994, 35 (4): 821 - 832.

[117] Pierre Fleckinger. Informed Principal and Countervailing Incentives. Economics Letters, 2007, 94 (2): 240 - 244.

[118] Pistor, Katharina. and Chenggang Xu. Governing Stock Markets in Transition Economies: Lessons from China [J]. American Law and Economics Review, 2005, 7 (1): 184 - 210.

[119] Rajan, R. Insiders and Outsiders: The Choice between Relationship and Arms - length Debt [J]. Journal of Finance, 1992, 47 (2): 1367 - 1400.

[120] Rajan, R. and Zingales, L. Financial Dependence and Growth [J]. American Economic Review, 1998, 88 (3): 559 - 586.

[121] Randall Morck. and Bernard Yeung. Dividend Taxation and Corporate Governance [J]. Journal of Economic Perspectives, 2005, 19 (3): 163 - 180.

[122] Reinhard Selten. and Rolf Stoecker. End Behavior in Sequences of Finite Prisoner´s Dilemma Supergames A Learning Theory Approach [J]. Journal of Economic Behavior & Organization, 1986, 7 (1): 47 - 70.

[123] Rick Antle. The Auditor As an Economic Agent [J]. Journal of Accounting Research, 1982, 20 (2): 503 - 527.

[124] Rick Antle. Auditor Independence [J]. Journal of Accounting Research, 1984, 22 (1): 1 - 20.

[125] Roger B. Myerson. Mechanism Design by an Informed Principal [J]. Econometrica, 1983, 51 (6): 1767 - 1797.

[126] Roland Strausz. Delegation of Monitoring in a Principal - Agent Relationship [J]. The Review of Economic Studies. 1997, 64 (3): 337 - 357.

［127］ Roland Strausz. Collusion and Renegotiation in a Principal – Supervisor – Agent Relationship ［J］. The Scandinavian Journal of Economics, 1997, 99 (4): 497 – 518.

［128］ Rolf Tisljar. Mechanism Design by an Informed Principal-pure-strategy Equilibria for a Common Value Model ［Z］. Working Paper, 2002.

［129］ Sandeep Baliga. Monitoring and Collusion with "Soft" Information ［J］. The Journal of Law, Economics, & Organization, 1999, 15 (2): 434 – 440.

［130］ Sanford J. Grossman. and Oliver D. Hart. An Analysis of the Principal – Agent Problem ［J］. Econometrica, 1983, 51 (1): 7 – 45.

［131］ Sanford J. Grossman. and Oliver D. Hart. The Costs and Benefits of Ownership: A Theory of Vertical and Lateral Integration ［J］. The Journal of Political Economy, 1986, 94 (4): 691 – 719.

［132］ Shleifer A. and Vishny R. A Survey of Corporate Governance. Journal of Finance, 1997, 52 (3): 737 – 783.

［133］ S. Johnson. , R. La Porta. , F. Lopez-de – Silanes. and Shleifer A. Tunneling ［J］. American Economic Review, 2000, 90 (2): 22 – 27.

［134］ Stanley Baiman. , John H. Evans Ⅲ. and Nandu J. Nagarajan. Collusion in Auditing ［J］. Journal of Accounting Research, 1991, 29 (1): 1 – 18.

［135］ Stanley Baiman. , John H. Evans Ⅲ. and James Noel. Optimal Contracts with a Utility – Maximizing Auditor ［J］. Journal of Accounting Research, 1987, 25 (2): 217 – 244.

［136］ Susan Athey. and Kyle Bagwell. Optimal Collusion with Private Information ［J］. The RAND Journal of Economics, 2001, 32 (3): 428 – 465.

［137］ Tetsuya Maruyama. An Informed Principal Problem with Correlated Signals ［Z］. Working Paper, 2005.

［138］ Theo Offerman. and Jan Potters. Does Auctioning of Entry Licences Induce Collusion? An Experimental Study ［J］. Review of Economic Studies, 2006, 73 (3): 769 – 791.

[139] Tymofiy Mylovanov. Negative Value of Information in an Informed Principal Problem with Independent Private Values [Z]. Working Paper, 2006.

[140] Tymofiy Mylovanov. and Thomas Troger. Informed Principal Problems in Generalized Private Values Environments [Z]. Working Paper, 2009.

[141] Varian, H R. Monitoring Agents with Other Agents [Z]. Working Paper, 1989.

[142] Vasiliki Skreta. On the Informed Seller Problem: Optimal Information Disclosure [Z]. Working Paper, 2007.

后　记

　　书稿终定时我正在美国罗格斯大学（Rutgers）访学，主要研究工作则完成在南开大学商学院攻读博士学位期间。其时，有幸能师从国内实验经济学领军人物李建标教授，对公司治理问题开展实验研究。先生对实验方法有深刻理解，在制度经济学领域亦积淀甚深，使我受益良多。制度视角、治理主题和实验方法的结合催生了本书，而先生在选题、论证、结构设计以及实验方案上都给予了悉心指导，学生在此深表谢意！

　　南开大学中国公司治理研究院是中国公司治理研究的"圣地"，拥有许多著名学者，有幸能聆听他们的教导，在此特别感谢李维安教授、程新生教授、周建教授、林润辉教授和武立东教授对专业学习与研究工作的点拨与指导。

　　泽尔滕实验室是个温暖的大家庭，感谢李晓义博士、王光荣博士、巨龙博士、任广乾博士、赵玉亮博士、郑巴音博士、李朝阳博士、庞荣辉博士、王鹏程博士、张立党博士、汪敏达博士和张弢博士的对本书的建议与帮助。

　　家人的理解和支持永远是工作学习的不竭动力，感谢妻子多年来承担大部分家务和孩子教育之责，感谢家人坚强后盾。

　　感谢经济科学出版社黄双蓉老师的审校与帮助。

　　感谢安徽财经大学专著出版基金的资助。

张斌

2017 年 9 月

于 Joshnson 公寓